Esquecer? Nunca mais!

LINA PENNA SATTAMINI

Esquecer? Nunca mais!
A saga de meu filho Marcos Arruda

Organização
James N. Green e Marcos Penna Sattamini de Arruda

Prefácio à primeira edição
Cecília Coimbra

Prefácio a esta edição
Frei Betto

Introdução
James N. Green

Posfácio
Marcos Penna Sattamini de Arruda

editora
unesp

Direitos de publicação reservados à:
Fundação Editora da Unesp (FEU)
Praça da Sé, 108
01001-900 – São Paulo – SP
Tel.: (0xx11) 3242-7171
Fax: (0xx11) 3242-7172
www.editoraunesp.com.br
www.livrariaunesp.com.br
atendimento.editora@unesp.br

Dados Internacionais de Catalogação na Publicação (CIP) de acordo com ISBD
Elaborado por Vagner Rodolfo da Silva – CRB-8/9410

S253e Sattamini, Lina Penna

Esquecer? Nunca mais!: a saga de meu filho Marcos Arruda / Lina Penna Sattamini; organizado por James N. Green, Marcos P. S. de Arruda. – São Paulo: Editora Unesp, 2025.

Inclui bibliografia.
ISBN: 978-65-5711-274-8

1. História do Brasil. 2. Ditadura Militar. 3. Tortura. 4. Golpe de 1964. 5. Testemunho. 6. História. 7. Individual. 8. Depoimento. 9. Militância. 10. Crimes de Estado. I. Green, James N. II. Arruda, Marcos P. S. de. III. Título.

2025-2494 CDD 981.063
CDU 94(81)"1964/1985"

Editora afiliada:

Asociación de Editoriales Universitarias de América Latina y el Caribe

Associação Brasileira de Editoras Universitárias

Sumário

Caminhante,
não há caminho...

Agradecimentos

Minha eterna gratidão a:

Maria Penna Sattamini, minha mãe incansável, que salvou a vida do Marcos, procurando por ele até ser encontrado.

Meus filhos:

Marcos, pela coragem inabalável e paciência estoica;

Cristiana, por ser nosso contato dedicado em Washington, D.C., e nossa anfitriã quando lá chegamos;

Miguel, pelas cartas, bilhetes e todo o apoio, dele e de sua esposa Lúcia, antes e depois da libertação de Marcos;

Martinha, pelo seu esforço na coordenação de contatos, na organização das nossas finanças e realizando tantos outros trabalhos;

Mônica, que era tão jovem, mas não hesitou em dar todo o conforto e amor que era necessário.

Tenho muito orgulho de ser mãe de todos vocês, porque, com toda a pressão e as constantes ameaças, vocês não hesitaram um só momento e ajudaram.

Clemildo Lyra de Arruda, pai do Marcos, que acompanhou minha mãe tantas vezes em busca de Marcos nos hospitais, e pelas muitas cartas que ele mandou para o Marcos, que foram tão encorajadoras.

Técio Lins e Silva, nosso destemido advogado, um dos poucos que aceitaria tal caso, que provou a inocência de Marcos e exigiu justiça. E tudo isso sem aceitar pagamento.

Elza de Britto Pereira, minha irmã, que forneceu os meios para chegar ao secretário do general-presidente Médici, e que em diversas ocasiões procurou pessoas que poderiam nos ajudar.

Coronel Octávio Medeiros, por ter tentado acelerar a transferência de Marcos de São Paulo para o Rio de Janeiro.

Jack Otero, meu amigo sindicalista em Washington, D.C., que me deu conselhos sobre o que fazer (e funcionaram).

Padre Michael Colonnese, que tanto fez por nós depois que lhe escrevi uma carta pedindo ajuda, e que ainda levou Marcos a Roma para se encontrar com o papa Paulo VI.

Anistia Internacional, por conceder a Marcos o status de *prisioneiro de consciência*, e pelo trabalho persistente de um grupo de quatorze pessoas na Filadélfia, que escreveram a funcionários do governo, às Forças Armadas e aos tribunais.

Stanley D. Baurys, líder do grupo da Anistia Internacional na Filadélfia, que teve tanta influência no caso, e que estará em nossos corações para sempre.

Sr. James W. Reardon, cônsul-geral dos EUA, por ter nos acompanhado em uma visita mal-sucedida, demonstrando grande interesse pelo caso e por nos ajudar a conseguir um visto quando fomos para os Estados Unidos.

Sra. Beulah Confer, que foi oficial do programa da Usaid (Agência Internacional de Desenvolvimento dos Estados Unidos), e, quando estive no Rio de Janeiro, me manteve informada sobre o impacto da nossa campanha para libertar Marcos.

Joe DeFonzo, por ter me dado tanto trabalho, para que eu pudesse ganhar dinheiro para a nossa campanha, e por fazer tantas outras coisas por mim.

Congressista Joel T. Broyhill, por ajudar a acelerar meu processo de naturalização.

Ron Smith e Tom Doherty, por terem sido os patrocinadores da minha naturalização.

Neil Seideman, que, como meu chefe no Departamento de Estado, me ajudou me dando muitos trabalhos.

Bispo dom Aloísio Lorscheider, que tão graciosamente nos recebeu e confortou, e pediu a dom Alberto Trevisan, bispo auxiliar do Rio de Janeiro, para visitar Marcos, mesmo que os militares tentassem impedi-lo.

Malcolm Hallam, que era meu chefe quando trabalhei no consulado dos EUA no Rio de Janeiro e que, mais tarde, quando foi cônsul em São Paulo, telefonou ao cônsul no Rio recomendando que me ajudassem.

Elizabeth e Patrick French, nossos amigos desde 1971, quando receberam Marcos de braços abertos e passaram a fazer parte da nossa família, ao ponto de terem pagado a mensalidade do curso de Mestrado de Marcos durante um trimestre na American University, quando ele ainda estava desempregado.

Os colegas e professores de Marcos do Colégio Anchieta e do Mestrado em Filosofia em Itaici, que assinaram uma declaração de que ele nunca foi epiléptico.

Marycarolyn G. France e Sophia Beal, por seu trabalho na edição em inglês, versão ampliada deste projeto publicada pela Duke University Press.

Rex P. Nielson, pela tradução da versão em inglês deste livro; e

Professor James N. Green, por seu compromisso em realizar o meu sonho de publicar, para o público dos Estados Unidos, uma versão em inglês deste meu livro.

Apresentação

Marcos me havia pedido muitos anos atrás para escrever este livro. Contudo, remexer na ferida para sempre aberta seria tão doloroso que por muito tempo remanchei.

Quando começou o movimento para procura dos desaparecidos, satisfações quanto às maneiras das suas mortes, recuperação dos corpos e punição dos culpados, deu-me um ímpeto e senti: chegou o momento propício.

Essa vontade aumentou quando, assistindo a uma entrevista do sr. José Gregori[1] com Jô Soares, em seu programa Onze e Meia, fiquei insultada e enraivecida. Após falarem dos desaparecidos, o Jô muito apropriadamente perguntou:

– E os torturados, suas famílias, que tanto sofreram, coisas horríveis que lhes fizeram, como ficam? Foram tantos e alguns ficaram incapacitados para o resto da vida...

A resposta:

---

1 José Gregori foi secretário especial de Direitos Humanos de 1997 a 2000 e ministro da Justiça de 2000 a 2001.

– Ah, o presidente Fernando Henrique Cardoso não quer tocar nesse assunto. Não quer reabrir feridas. Após a Lei da Anistia de 1979, todos foram perdoados e não queremos vingança.

Foi esse mais ou menos o diálogo, que não gravei na íntegra, mas cujo conteúdo está correto.

Pois saiba Sua Excelência, o presidente, que a ferida nunca fechou, nem fechará nunca. O que pedimos é *justiça* e não *vingança*.

Queremos ver os torturadores não perdoados – mesmo que sejam oficiais das Forças Armadas ou simples soldados, paisanos e policiais –, mas sim *punidos e na cadeia*!

Onde estão eles, monstros sem alma nem piedade? Às vezes os vemos em alguma notícia de jornal, ou mesmo em entrevistas na televisão, não como torturadores (pois assim são, em geral, a "Justiça" e a grande mídia neste país), mas como empresários ou qualquer outra coisa "bem na vida". Como pode um ser humano pegar outro com saúde, colocá-lo em um pau de arara e aplicar-lhe choques elétricos no rosto, na boca, nos olhos e testículos, até vê-lo morto ou aleijado? Ainda gritando de prazer e fazendo mais ameaças! Essa gente tem mãe e pai? Essa gente tem filhos? E continuam a fazê-lo, segundo os jornais, contra presos comuns. Por quê? Por causa da *impunidade*!

Sabem onde estão ou estavam muito deles? Nos *shopping centers* trabalhando de "seguranças". Há exemplos que cito ao longo do livro. Outro estava na Embaixada do Brasil, como adido em Londres. Quantos foram recompensados com bons empregos? Enquanto isso, os familiares dos presos, mortos e torturados que perderam tudo, só por serem parentes, continuam a lutar pela mais banal informação e pela punição dos responsáveis.

Como pode Vossa Excelência inaugurar um programa de Direitos Humanos prometendo a punição dos infratores de agora e, ao mesmo tempo, garantindo a impunidade dos torturadores de então, ignorando completamente os que não tiveram o mínimo direito a coisa alguma, muito menos Direitos Humanos nas Oban, DOI-Codi, Cenimar e na [Guerrilha do] Araguaia, e tantos antros de incomensurável crueldade e martírio?

Quem foi que redigiu esse documento de anistia? Em que governo? Ele provém ainda do tempo da ditadura, mas, da maneira como falam, é como se tivesse vindo das mãos de Deus!

Não, Excelência, não vamos esquecer! Por isso o título deste livro! E nem nos conformaremos com essa falsa imunidade, só porque se refere a crimes cometidos no passado. Reúna as famílias das vítimas, reúna as ONGs, como a Tortura Nunca Mais, a Brasil Nunca Mais e outras. Pergunte-lhes se aceitam sua posição, que é a de quem "acende uma vela a Deus e outra ao Diabo"!

Hoje é 7 de setembro, dia em que se comemora a independência do Brasil. Quando virá, afinal, a verdadeira independência do povo brasileiro?

Rio de Janeiro, 7 de setembro de 1995

Prefácio à 1ª edição
Histórias negadas

Cecília Coimbra[1]

> Escrever a história dos vencidos exige a aquisição de uma memória que não consta nos livros de História [...]. O historiador [...] pretende fazer emergir as esperanças não realizadas [no] passado e inscrever em nosso presente seu apelo por um futuro diferente [...]. O esforço é não deixar essa memória escapar, mas zelar por sua conservação, contribuir na reapropriação desse fragmento de História esquecido pela historiografia dominante.
>
> Jeanne Marie Gagnebin

O pequeno trecho sobre a concepção de História, em Walter Benjamin, nos remete a este corajoso e emocionante livro de Lina Sattamini, que narra o sequestro, a prisão e as torturas sofridas por seu filho, o militante político Marcos Arruda, durante os "anos de chumbo" em nosso país.

---

1 Cecília Coimbra é psicóloga, historiadora, fundadora do Grupo Tortura Nunca Mais/RJ e professora adjunta aposentada na Universidade Federal Fluminense, vinculada ao programa de Pós-Graduação Estudos da Subjetividade.

Sabemos que há várias maneiras de se narrar a História. Uma visão sempre esquecida é a que tem sido forjada pelas práticas dos diferentes movimentos sociais nas suas lutas, no seu cotidiano, nas suas resistências e na sua teimosia em produzir outras maneiras de ser, outras sensibilidades, outras percepções. Práticas que recusam as normas preestabelecidas e instituídas, e que procuram de certa forma construir outras subjetividades, outros modos de relação com o outro, outros modos de produção, outros modos de criatividade.

É dessa História que nos fala este livro, uma história em que as classes populares não são meras espectadoras dos fatos, mas produtoras dos acontecimentos. De uma história em que a subjetividade dominante – apesar de seu poderio e tentativas – não consegue silenciar e ocultar a produção de espaços singulares, de práticas diferentes e eliminar a memória histórica de uma outra memória.

A memória histórica "oficial" tem sido produzida pelas práticas dominantes no sentido de apagar os vestígios que as classes populares e os opositores vão deixando ao longo de suas experiências de resistência e luta, em um esforço contínuo de exclusão dessas forças sociais como sujeitos que forjam uma história em uma narrativa oficial. Pretendem com isso produzir subjetividades que desconhecem os embates reais dos "vencidos", como se estes não estivessem presentes no cenário político.

Assim, o processo de estruturação da memória coletiva caracteriza-se como um dos mais sensíveis às disputas e aos confrontos de diferentes grupos sociais. A história que nos tem sido imposta tem selecionado e ordenado os fatos segundo alguns critérios e interesses, construindo, com isso, zonas de sombras, silêncios, esquecimentos, repressões e negações.

É necessário, portanto, como afirma Marilena Chaui, um trabalho de "desconstrução da memória, desvendando não só o modo como o vencedor produziu a representação de sua vitória, mas, sobretudo, como a própria representação dos vencidos participou dessa construção".

Apesar desse poderio, essa "história oficial" não tem conseguido apagar a produção cotidiana de uma outra. No sentido de resgatar essa memória, nos últimos quinze anos, uma série de trabalhos vem trazendo ao conhecimento da sociedade acontecimentos até então silenciados e mesmo ocultados: questões relativas ao terrorismo de Estado que vigorou em nosso país entre 1964 e 1985.

Este livro, *Esquecer? Nunca mais!*, da mãe-coragem Lina, e que tenho a honra e o orgulho de prefaciar, insere-se nesse rol de produções imprescindíveis para o entendimento dessas histórias que nos têm sido negadas sistematicamente.

Em algumas formações sociais capitalistas, em que os diferentes poderes se orientam e se sustentam em cima da morte e do desaparecimento dos opositores, políticos ou não, produz-se uma força capturante que, efetivamente, ameaça de morte a todos. Não se trata de representação ou delírio, mas se constitui numa realidade social que não está distante de nenhum sujeito social.

É doloroso reconhecer que a força dos sistemas genocidas reside tanto na efetividade do seu poder mortífero, como em sua capacidade de se reproduzir em todos os espaços, em todas as relações sociais.

As subjetividades hegemônicas então construídas produzem sujeitos considerados necessários para a "limpeza" do corpo social "enfermo". Ao mesmo tempo, nega-se a existência de conflitos, de desigualdades, de diferença, e asseguram-se como já estando em andamento as ideias fundamentais da paz, da prosperidade, do progresso, do desenvolvimento e da modernidade.

Ontem e hoje, continuamente, o sistema de terror funciona de maneira a capturar as percepções, sentimentos, emoções e ideias que não coincidem com esse brutal mandato de submissão e morte. O terror e os fatos que o sustentam deixam de ser falados; da mesma forma, aqueles que quebram o chamado "pacto social" são esquecidos. Horror e terror se aliam, portanto, no sentido da "manutenção da ordem".

Apesar dos crimes cometidos durante o terrorismo de Estado, como sequestros, prisões ilegais, tortura, cárcere privado, assassinatos e ocultação de cadáveres, os responsáveis por tais atrocidades até hoje não foram responsabilizados, sequer julgados. Ao contrário, continuam sendo premiados e promovidos, exercendo altas funções em diferentes governos municipais, estaduais e mesmo no âmbito federal. O mínimo que se tem conseguido, em alguns momentos, com apoio e pressão das entidades internacionais de direitos humanos, é o afastamento de algumas dessas pessoas dos cargos que vêm ocupando.

A anistia que insistem em defender é uma estranha figura jurídica. Levantam uma reciprocidade falaciosa. Pois, no caso dos opositores políticos, sempre se soube publicamente quais eram os "crimes" a eles imputados; da mesma forma, a grande maioria respondeu a processos na justiça. No caso dos responsáveis pelos crimes cometidos pelo Estado, nenhum processo até hoje foi aberto, sequer tiveram seus nomes trazidos a público oficialmente. Ao contrário, continuam se escondendo nas sombras, não assumindo publicamente suas ações.

É preciso lembrar que, naquele passado recente, o opositor político foi sequestrado, torturado, isolado, assassinado, desaparecido e enterrado como indigente, perpetuando-se assim a tortura sobre seus familiares e amigos. Hoje, as mesmas práticas são aplicadas aos pobres em geral, aos excluídos, aos também chamados "perigosos", que são aniquilados como simples objetos. O extermínio dos subalternizados tem sido plenamente justificado e aplaudido pelas elites e por muitos segmentos médios da nossa sociedade. Como nos "anos de chumbo", nesses tempos neoliberais, o "inimigo interno" não deve ser somente calado, mas exterminado.

Pensar criticamente o nosso presente e tentar mudá-lo é, portanto, um dos efeitos de se conhecer essa história dos "vencidos", essa história que ainda nos vem sendo negada. Essa história que aqui é trazida por uma mulher que se temperou na luta, que nos emociona ao assinalar – como a historiadora de que nos fala Walter Benjamin – as "esperanças não realizadas no passado", inscritas com letras de fogo em nosso presente e apontando para um futuro que queremos diferente. Não deixando escapar essa memória, Lina zela por sua conservação, contribuindo para que todos nos reapropriemos desses fragmentos de história esquecidos e mesmo negados.

Assim, a história dos "vencedores" que, em geral, nos é dada a conhecer, aponta para uma outra história. Uma história que produz o desmascaramento de denúncia das tentativas que se tem feito para aniquilar com o que foi gestado e "vencido" no bojo dos confrontos. Uma história que aponta como o "vencedor" buscou e continua buscando liquidar não somente os seus adversários na luta política, mas, sobretudo, apagar a lembrança de suas propostas, de seus projetos.

Obrigada, Lina, por este belíssimo trabalho tão competentemente documentado. Obrigada por teimosamente continuar nos lembrando de nossos sonhos e utopias.

Rio de Janeiro, 2000

Prefácio à 2ª edição
Documento histórico imprescindível

Frei Betto[1]

São cada vez mais numerosos e conhecidos os relatos de tantas vítimas da ditadura militar brasileira, que praticou inúmeras atrocidades ao longo de seus 21 anos (1964-1985). Relatos de ex-presos políticos, como os que escrevi,[2] ou narrativas redigidas por filhos e filhas de quem sofreu, na carne e no espírito, o desaparecimento ou o assassinato de seus entes queridos, como em *Ainda estou aqui*,[3] de Marcelo Rubens Paiva, levado às telas de cinema, em 2024, pela maestria do diretor Walter Salles.

Raros são, porém, os relatos como o deste livro de Lina Penna Sattamini e de outras mães, sobre seus filhos que padeceram nas mãos da repressão civil-militar. A autora descreve, sobretudo, mediante cartas trocadas entre familiares, o implacável terror de Estado que se abateu sobre seu filho Marcos Arruda.

---

1 Frei Betto é escritor, ativista político, filósofo, teólogo da libertação e frade dominicano.

2 Frei Betto, *Cartas da prisão*; *Batismo de sangue*; *Diário de Fernando*.

3 Paiva, *Ainda estou aqui*.

Tornei-me amigo de Marcos nos movimentos jovens da Ação Católica (Juventude Estudantil Católica, JEC, e Juventude Universitária Católica, JUC), antes do golpe militar de 1964, que rasgou a Constituição brasileira e destituiu o governo democraticamente eleito de João Goulart. Marcos participou da resistência ao regime militar engajado no movimento revolucionário Ação Popular, e eu do grupo guerrilheiro Ação Libertadora Nacional (ALN), comandado por Carlos Marighela.

Esta obra é o testemunho contundente de mãe e filho que não querem vingança, mas sim clamam por justiça. Uma das aberrações da ditadura brasileira, assimilada pelos governos democráticos que a sucederam, foi a "anistia recíproca", recurso pseudojurídico que cobriu de impunidade e imunidade inúmeros torturadores e assassinos, a maioria membros de nossas Forças Armadas. Como anistiar quem jamais foi denunciado, investigado, julgado e sentenciado? No entanto, tal esdrúxula medida, que fere os princípios da ciência jurídica, foi adotada no Brasil, evitando que fossem punidos os responsáveis por crimes hediondos cometidos em nome do Estado, ao contrário do que ocorreu no Chile, na Argentina e no Uruguai, cujos algozes dos períodos ditatoriais foram condenados até mesmo à prisão perpétua.

A impunidade e a imunidade adotadas pelo Brasil favoreceu o caldo de cultura que, aquecido em nossas academias militares, desaguou no governo Bolsonaro (2019-2022) e na intentona golpista da extrema direita em 8 de janeiro de 2023, agravada pelo complô terrorista que pretendia assassinar o presidente Lula, o vice-presidente Alckmin, eleitos em 2022, e o ministro Alexandre de Moraes, do Supremo Tribunal Federal. O plano, felizmente, foi abortado por incisiva ação do STF e da Polícia Federal.

Mães não descrevem o sofrimento injusto de seus filhos apenas com a cabeça. Escrevem, sobretudo, com o útero, como bem descreve em poema Marcos Arruda quando já se encontrava no exílio, em Moçambique, atuando com Paulo Freire:

O poder da vida

A avó, depois
A mãe
Assomam no portal que conduz à minha cela
No hospital.
  É a potência
  Da corrente não interrompida
  Da vida
  Numa espiral sem fim
  Desde a primeira célula
  Até mim.
  [...]

Maputo, 1978

Marcos Arruda, como frei Tito de Alencar Lima,[4] é uma vítima emblemática da ditadura militar brasileira. Poucos foram tão torturados quanto eles. Mais raros ainda os que, como eles, guardaram silêncio, malgrado os sofrimentos atrozes, e sobreviveram às sessões de sevícias.

Conheci intimamente os dois. Nada tinham de porte atlético ou temperamento altivo de quem não teme enfrentar os carrascos no corpo a corpo. Os dois eram pessoas delicadas, imbuídas

4 Ver Frei Betto, *Batismo de sangue*; Plon; Meireles, *Um homem torturado: nos passos de Frei Tito de Alencar*.

de profunda ética de coerência aos ideais que abraçaram e aos companheiros e companheiras com quem assumiram a luta por justiça e liberdade. Não resistiram por coragem. Resistiram por fidelidade – vocábulo que deriva do latim *fidelitas*, "fé", "adesão", como a que sustentou tantos mártires cristãos sacrificados pelo Império Romano ao longo dos três primeiros séculos de nossa era.

A virtude do martírio (do grego *martýrion*, que significa "testemunho") não é uma prerrogativa dos cristãos. A tradição comunista está repleta de homens e mulheres que, aprisionados pelos esbirros de regimes opressivos, resistiram heroicamente aos sofrimentos a eles infligidos.

Este livro é um documento histórico imprescindível. Como alerta Walter Benjamin, o esquecimento é um ato de injustiça e só a memória pode suprir essa iniquidade, por permitir manter vivo o ponto de vista da vítima.[5] E, como acrescenta Paul Ricoeur, "cada um de nós tem o dever de não esquecer, mas de dizer o passado de um modo pacífico, sem cólera, por mais doloroso que seja".[6] É o que fazem aqui Lina Penna Sattamini e seus familiares.

O final desta obra culmina com o epílogo magistralmente escrito por Marcos Arruda. Ao narrar as atrozes torturas que sofreu em dependências do Exército tanto em São Paulo quanto no Rio, e suas reações aos espancamentos e choques elétricos, ele resgata sua trajetória de vida, o impacto que lhe causou a separação dos pais, o período vivido nos EUA, a busca da espiritualidade, o seminário dos jesuítas e a prática da ascese com

---

5 Benjamin, *O anjo da História*.

6 Ricoeur, *Haunting Memories? History in Europe after Authoritarianism*.

métodos de automutilação para o domínio do corpo – o que, com certeza, o preparou para suportar as torturas que, mais tarde, lhe foram infligidas pelos esbirros da ditadura militar.

Marcos descreve, entre as sevícias sofridas, inclusive no Hospital Militar, tanto em São Paulo quanto no Rio, sua trajetória anterior à prisão como estudante de Geologia, a atuação como militante da organização revolucionária Ação Popular e sua inserção como operário entre trabalhadores de São Paulo. Detalha sua convivência com migrantes nordestinos nas fábricas de São Paulo e sua prisão no Largo da Lapa, na capital paulista.

"Ditadura, nunca mais!", gritamos todos nós que fomos vítimas do terror de Estado que abateu o Brasil ao longo de 21 anos. E esse grito parado no ar se complementa com o imperativo de "Esquecer? Nunca mais!". Esta, sem dúvida, é a maior contribuição deste livro imprescindível: revelar, em detalhes, como os ideais libertários de uma geração foram reprimidos pela violência estrutural de governos militares fundados no terror de seus métodos e no extermínio de seus opositores.

São Paulo, 2025

Referências bibliográficas

BENJAMIN, W. *O anjo da História*. Lisboa: Assírio & Alvim, 2017.
FREI BETTO. *Batismo de sangue*. Rio de Janeiro: Rocco, 2006.
______. *Cartas da prisão*. São Paulo: Companhia das Letras, 2017.
______. *Diário de Fernando*. Rio de Janeiro: Rocco, 2009.
PAIVA, M. *Ainda estou aqui*. São Paulo: Alfaguara, 2015.
PLON, L. D.; MEIRELES, C. *Um homem torturado*: nos passos de Frei Tito de Alencar. Rio de Janeiro: Civilização Brasileira, 2014.

RICOEUR, P. *Haunting Memories? History in Europe after Authoritarianism*. Budapeste, 2003. Resumo disponível em: <https://www.scribd.com/doc/235500376/Paul-Ricoeur-Memoria-Historia-Esquecimento>. Acesso em: 28 jan. 2025.

Introdução
O pessoal e o político sob o regime militar brasileiro[1]

James N. Green

Esta é uma história sobre o amor de uma mãe por seu filho. É uma saga sobre como uma família se uniu para salvar a vida de um irmão, um sobrinho, um neto. É também um conto sobre o sofrimento de um dos milhares de brasileiros que ousaram desafiar o regime militar que chegou ao poder em 31 de março de 1964 e só renunciou ao controle do Estado duas décadas depois.

Nos anos após o retorno dos generais aos seus postos militares em 1985, dezenas de participantes que se opuseram veementemente à ditadura brasileira publicaram memórias sobre suas atividades. Eles escreveram sobre seu papel na oposição política legal, a participação no movimento estudantil, a vida na clandestinidade, o envolvimento em ações armadas contra o Estado e as experiências no exílio. Grupos de direitos humanos e vítimas do governo arbitrário dos generais publicaram relatos daqueles que desapareceram após serem presos e foram enterrados como indigentes. Acadêmicos vasculharam arquivos para reconstruir

1 Tradução do inglês por Giuliana Gramani.

a história de organizações de esquerda que operavam clandestinamente e realizavam atividades contra a ditadura. Jornalistas e historiadores analisaram a natureza do regime autoritário, detalhando a política interna dos governos militares e explicando a ascensão e queda do domínio dos generais.

À medida que acadêmicos e ex-atores políticos brasileiros avaliavam a história recente do país, a pressão aumentava na década de 1990 para exigir que o governo oferecesse indenizações àqueles que foram injustamente boicotados, presos, torturados e abusados de todas as formas. Ao mesmo tempo, alguns intelectuais e políticos proeminentes começaram a afirmar que os brasileiros deveriam virar a página desse trágico capítulo da história nacional. Afinal, segundo eles, os militares negociaram a Lei da Anistia em 1979, que permitiu que exilados retornassem ao país e libertou a maioria dos presos políticos. Era simplesmente hora de esquecer o passado e seguir em frente.

Lina Penna Sattamini, no entanto, não conseguia esquecer. Os militares prenderam seu filho Marcos Arruda em maio de 1970, e ele quase morreu sendo torturado. Além disso, a Lei da Anistia de 1979 também isentou todos os torturadores de qualquer responsabilidade criminal. Aqueles que agrediram seu filho não seriam processados. Sua raiva diante desse pedido de amnésia após uma anistia que também incluíra impunidade para os que torturaram detentos a levou a escrever um testemunho intensamente emocional e poderoso para aqueles tempos. *Esquecer? Nunca mais!* é a saga do suplício de seu filho.

Publicada originalmente no Brasil em 2000 e em uma versão expandida em inglês em 2010,[2] sua história capta os dramas

2 Sattamini, *Esquecer? Nunca mais!* (Ed. ing.: *A Mother's Cry*).

pessoais íntimos dos amigos e familiares de Marcos Arruda, um jovem geólogo que se tornou operário e escolheu confrontar o Estado e o sistema econômico que este defendia para derrubar a ditadura e transformar a sociedade brasileira.

Embora o período do governo militar no Brasil seja recente, por muitas razões os jovens leitores podem não estar familiarizados com a história da ditadura brasileira. Portanto, faz-se necessário um breve relato dos eventos políticos, econômicos e sociais do país na segunda metade do século XX. Ele contextualizará as memórias de Lina Penna Sattamini sobre a prisão e a tortura de seu filho, o esforço persistente para libertá-lo e seu exílio nos Estados Unidos.

Na década de 1960, a família Arruda se tornou transnacional. Lina Sattamini passara por uma separação difícil, então decidiu se mudar para os Estados Unidos com o intuito de encontrar um grau de independência pessoal e econômica. Ela trabalhou duro para manter a unidade familiar mesmo estando longe, encorajando seus filhos a visitar os Estados Unidos e viver lá por um tempo. Também manteve laços íntimos com parentes e amigos no Brasil. Com o tempo, sua família, como as duas nações, desenvolveu um relacionamento próximo e complexo.

Os Estados Unidos foram um dos primeiros países a reconhecer a independência do Brasil, em 1822. No século XIX, a crescente preferência dos consumidores norte-americanos por café ajudou a impulsionar um aumento na mais importante safra de exportação brasileira. Na virada do século XX, os laços comerciais haviam unido as duas nações. O Brasil ficou do lado dos Aliados durante a Segunda Guerra Mundial e enviou tropas à Itália para lutar contra o poder do Eixo. Para marcar esse "relacionamento especial", o governo norte-americano instalou bases navais no Brasil como parte do esforço de guerra e ajudou a estabelecer a indústria siderúrgica brasileira no final da guerra. Ao longo do século, a influência cultural, econômica e política dos Estados Unidos no Brasil se aprofundou. Filmes de Hollywood e bens de consumo norte-americanos – de histórias em quadrinhos a carros – tornaram-se comuns. Os investimentos dos Estados Unidos no país também cresceram. As relações militares estreitas que foram consolidadas durante a Segunda Guerra Mundial continuaram à medida que tinha início a Guerra Fria. Os formuladores de políticas públicas norte-americanos buscaram construir uma aliança forte com o Brasil como um meio de impedir que governos comunistas ou nacionalistas radicais chegassem ao poder no Brasil ou em outros países da América Latina.[3]

Na década de 1950, os presidentes Getúlio Vargas (1951-1954) e Juscelino Kubitschek (1956-1960) prometeram desenvolvimento econômico, modernização e maior distribuição da riqueza do país. Vargas teve uma longa carreira política. Chegou à presidência pela primeira vez como um reformista em 1930, mas assumiu poderes ditatoriais em 1937. Apoiou os Estados Unidos na Segunda Guerra Mundial, mas foi tirado do cargo pelos militares em 1945, retornando à presidência em 1951. Vargas construiu sua fortuna política na década de 1950 com o apoio de sindicatos de esquerda, nacionalistas e aqueles que acreditavam que o Estado deveria desempenhar um papel ativo na solução dos problemas econômicos e sociais do Brasil. Durante sua presidência, por exemplo, o governo nacionalizou a indústria do petróleo. Pressionado a deixar o cargo por setores

---

3 Tota, *O imperialismo sedutor*.

das Forças Armadas, cometeu suicídio no palácio presidencial em agosto de 1954.[4]

Seu sucessor, Juscelino Kubitschek, era mais moderado. Ele acreditava que o desenvolvimento econômico do país dependia do apoio do governo, mas também incentivava investimentos privados e estrangeiros. Kubitschek prometeu que, durante seu mandato, o Brasil daria um salto de cinquenta anos em cinco. Seu projeto favorito consistia na construção de uma nova capital no interior do país. A inauguração de Brasília, em 1960, com suas estruturas modernistas e planejamento urbano otimista, projetou a imagem do Brasil como um país que rumava para cumprir seu destino de se tornar uma grande potência.[5]

No início da década de 1960, uma onda de ativismo de base trouxe novos atores para o cenário político. Estudantes e sindicatos de esquerda se mobilizaram para exigir que o governo nacionalizasse empresas estrangeiras de energia elétrica. Essa campanha representou um sentimento nacionalista mais amplo em favor do controle estatal dos principais recursos nacionais, do aumento da industrialização e de outras formas de desenvolvimento econômico. No Nordeste, os camponeses começaram a se organizar para lutar pela reforma agrária. Os sindicatos pressionaram para estabelecer uma federação nacional de trabalhadores e fizeram uma série de greves em favor de demandas econômicas e políticas. Os estudantes se tornaram mais politicamente engajados. As lealdades ideológicas de muitos se aproximaram da esquerda e de ideias marxistas. No geral, o clima favorecia políticos populistas nacionalistas e de esquerda. Esses movimentos

---

4 Neto, *Getúlio*.

5 Couto, *Juscelino Kubitschek*.

sociais e políticos no início dos anos 1960 prenunciaram uma maior participação dos despossuídos na vida política do país e uma maior pressão por uma distribuição mais ampla da riqueza nacional visando tentar reduzir um hiato de pobreza notável.[6]

Durante a presidência de Dwight Eisenhower (1953-1960), o Departamento de Estado dos Estados Unidos promoveu o comércio em detrimento de auxílio como a melhor estratégia para o progresso do Brasil e de outras nações. A Revolução Cubana de 1959, no entanto, alarmou os formuladores de políticas públicas norte-americanos, que temiam que a desigualdade econômica e social, a radicalização dos movimentos urbanos e rurais e a presença da esquerda entre os sindicalistas em setores-chave da economia pudessem criar condições para uma agitação social semelhante no Brasil.[7]

Logo após assumir o cargo, o presidente John F. Kennedy (1961-1963) anunciou um novo e ousado programa de assistência para a América Latina, conhecido como Aliança para o Progresso, que prometia fomentar reformas ao lidar com os problemas sociais e econômicos da região. Programas de ajuda social criados para diminuir a pobreza, reforma agrária controlada que distribuiria algumas terras aos camponeses e ajuda técnica para cooperativas rurais e sindicatos urbanos estavam entre as estratégias pensadas para conter a crescente influência comunista na América Latina e no Caribe, ou assim pensavam os formuladores de políticas públicas de Washington. Se reformas sensatas pudessem ocorrer sob a orientação da Agência dos Estados Unidos para o Desenvolvimento Internacional (Usaid, na sigla em inglês) e

6 Napolitano, *1964: História do regime militar brasileiro.*

7 Motta, *Passados presentes.*

de outros programas de assistência, então as revoluções poderiam ser evitadas.[8] Mais ajuda e mais treinamento dos militares e da polícia também forneceriam as ferramentas necessárias para reprimir quaisquer insurreições que pudessem ameaçar mudanças moderadas.[9] O governo Kennedy escolheu o Brasil como uma prioridade do programa Aliança para o Progresso, e enviou Lincoln Gordon, economista formado em Harvard e um dos idealizadores do plano, ao Rio de Janeiro como seu embaixador.

Enquanto isso, uma reviravolta imprevista em 1961 mudou o cenário político do Brasil. Jânio Quadros, um populista de direita e ex-governador do estado de São Paulo, sucedeu Juscelino Kubitschek na presidência em janeiro. Sua campanha estava pautada em promessas de acabar com a corrupção no governo federal. Quadros era um político independente e chegou ao poder sem forte apoio dos três principais partidos do país. Ele acabou se revelando um personagem errático, que se frustrou quando não conseguiu maioria no Congresso para apoiar suas medidas.

Em agosto de 1961, ele renunciou repentinamente ao cargo. A maioria dos historiadores concorda que ele tomou essa medida drástica como uma forma de pressionar o Congresso a clamar por seu retorno em troca de uma maior autoridade presidencial e mais apoio político. Esses pedidos por sua volta nunca se concretizaram, e, assim, a presidência foi para João Goulart, ex-ministro do Trabalho no governo Vargas e vice-presidente tanto no governo centrista de Kubitschek quanto no governo de direita de Quadros. Goulart era um dos líderes do Partido Trabalhista Brasileiro (PTB), de centro-esquerda. Foi eleito vice-presidente em

---

8 Loureiro, *A Aliança para o Progresso e o governo João Goulart (1961-1964)*.

9 Huggins, *Polícia e política*.

1956 e novamente em 1961, porque a lei brasileira permitia que os eleitores votassem separadamente para os cargos de presidente e vice-presidente. Quando Quadros renunciou, parte dos militares tentou impedir a sucessão de Goulart. Depois que outros membros das Forças Armadas ameaçaram uma guerra civil, ele foi autorizado a assumir o cargo, mas com poderes reduzidos. De repente, um político simpatizante da esquerda estava no palácio presidencial. Formuladores de políticas públicas dos Estados Unidos, políticos brasileiros de direita, altos escalões da Igreja Católica, líderes empresariais e membros conservadores das Forças Armadas estavam preocupados. Goulart lideraria o país em direção a reformas radicais ou mesmo à revolução?[10]

Da noite para o dia, o Brasil se tornou o centro das ansiedades geopolíticas estimuladas pelas ideologias da Guerra Fria. Para o Departamento de Estado dos Estados Unidos, figuras importantes da Igreja Católica brasileira e políticos de direita, Goulart simpatizava demais com a esquerda. Como líder do PTB, ele tinha, de fato, construído seu apoio junto aos sindicatos, incluindo alianças ocasionais com membros do Partido Comunista Brasileiro. No entanto, ele também era um grande proprietário de terras do Sul do país. Em uma reunião na Casa Branca entre o ex-presidente Kubitschek e o presidente Kennedy, realizada em 15 de setembro de 1961, o líder brasileiro tranquilizou o colega norte-americano, afirmando que Goulart *não* era um radical.[11] Entretanto, os formuladores de políticas públicas de Washington não estavam convencidos.

---

10 Skidmore, *Brasil: de Getúlio a Castello (1930-1964)*.

11 Memorando de conversação entre o presidente Kennedy e o senador (ex-presidente) Kubitschek do Brasil, 15 set. 1961.

Durante a presidência de Goulart (1961-1964), a polarização social e política se aprofundou. Organizações camponesas exigiam redistribuição de terras.[12] Ao mesmo tempo, os sindicatos realizavam uma série de greves visando compensar a queda dos salários devido ao aumento da inflação. Estudantes universitários apoiavam com entusiasmo essas mobilizações populares e pressionavam por mudanças radicais. Diferentes forças políticas clamavam por controle nacional sobre recursos minerais e políticas de desenvolvimento que lidassem com a pobreza e a desigualdade de longa data. Muitos se voltaram ao marxismo como ideologia e a Cuba como modelo de transformação social.[13]

Os militares, já alarmados com a política com tendências de esquerda de Goulart, ficaram particularmente preocupados quando soldados e marinheiros rasos se mobilizaram para forçar reformas democráticas dentro das Forças Armadas. Eles buscaram criar sindicatos cujas demandas incluíam poder estudar fora do horário de serviço, usar roupas de civis quando estivessem de licença ou férias e concorrer a cargos em eleições. Grandes proprietários entraram em pânico quando ligas camponesas ocuparam suas terras e exigiram que o Estado interviesse e as redistribuísse aos camponeses sem-terra. Grandes parcelas das classes médias brasileiras e setores significativos da Igreja Católica do país temiam que as alianças de Goulart com o Partido Comunista pudessem levar a uma revolução socialista.[14] Além disso, os gastos excessivos do governo durante o mandato de

---

12 Page; Suassuna, *A revolução que nunca houve: o Nordeste do Brasil, 1955-1964*; Souza, *Nordeste: o Vietnã que não houve – ligas camponeses e golpe de 1964*.

13 Ridenti, *O fantasma da revolução brasileira*.

14 Napolitano, *1964: história do regime militar brasileiro*.

Kubitschek para construir a nova capital, aliados aos subsídios governamentais para bens e serviços básicos, causaram um grande déficit orçamentário. A solução de Goulart foi imprimir mais dinheiro, o que causou inflação. Os aumentos de preço preocupavam os consumidores, que temiam que Goulart tivesse perdido o controle da economia.

Em 1962, o presidente Kennedy decidiu que, se os militares depusessem Goulart, seu governo apoiaria a iniciativa. O embaixador norte-americano Lincoln Gordon e seu adido militar Vernon Walters mantiveram contato próximo com setores das Forças Armadas favoráveis à deposição do presidente. Eles garantiram aos que conspiravam para derrubar o governo Goulart que os Estados Unidos apoiariam um golpe de Estado. Após o assassinato de Kennedy, em novembro de 1963, o presidente Lyndon B. Johnson (1963-1968) deu continuidade a essa política pró-golpe.

Em 31 de março de 1964, unidades do Exército do estado de Minas Gerais se revoltaram contra o governo federal. Em 1º de abril, a maioria das Forças Armadas declarou seu apoio à deposição de Goulart. O governo norte-americano enviou um destacamento naval para fornecer apoio logístico à rebelião caso estourasse uma guerra civil. A mobilização clandestina foi conhecida como Operação Irmão Sam.[15] Contudo, não foi necessária. Os generais brasileiros rapidamente tomaram o poder. O então presidente Johnson reconheceu imediatamente o novo governo militar, e Goulart buscou asilo político no Uruguai.

---

15 Fico, *O grande irmão: da Operação Brother Sam aos anos de chumbo. O governo dos Estados Unidos e a ditadura militar brasileira.*

Menos de uma semana depois, um Congresso expurgado passou a presidência ao general Castelo Branco, que permaneceu no cargo até 1967. Lyndon B. Johnson autorizou ajuda externa e empréstimos para apoiar a instável economia brasileira. Para conservar a legitimidade doméstica e internacional, os generais mantiveram instituições políticas, incluindo o Congresso e os partidos. No entanto, eles se concederam o poder supremo para emitir diplomas e atos institucionais quando julgassem necessário com o intuito de garantir controle absoluto sobre o povo, o governo e o Estado.[16]

A tomada do poder por parte dos militares em 1964 também abriu o mercado brasileiro para maiores investimentos estrangeiros. Empresas transnacionais sediadas nos Estados Unidos expandiram suas operações no Brasil. O novo regime revogou uma lei de remessa de lucros aprovada sob o governo de Goulart, que exigia que empresas estrangeiras reinvestissem uma porcentagem de seus lucros no país, uma legislação que visava limitar a saída de capital em grande escala. O governo militar também reprimiu ativistas trabalhistas militantes. Muitos líderes de esquerda – comunistas, socialistas e apoiadores do PTB – foram expurgados de altos cargos em sindicatos e federações trabalhistas. O governo foi mais rígido no controle dos sindicatos, impondo rígidas limitações ao direito de greve e criando um "clima favorável ao investimento" para empresas estrangeiras. De 1968 a 1978, a agitação trabalhista foi praticamente inexistente.

Muitos que se opuseram ao governo de Goulart presumiram que os militares interviriam, limpariam a casa e então se retirariam para os quartéis. No entanto, esse não foi o caso. Durante

---

16 Skidmore, *The Politics of Military Rule in Brazil, 1964-1985*.

duas décadas de governo ditatorial, toda vez que uma oposição legal significativa aos militares se organizava, os generais mudavam as regras do jogo: tiravam os direitos políticos dos membros da oposição, fechavam o Congresso, censuravam a imprensa e, quando ameaçados, empregavam medidas pesadas para permanecer no poder. Para promulgar suas políticas, os generais emitiram uma série de atos institucionais que se sobrepunham à Constituição, o que lhes permitiu governar de acordo com a sua vontade. Em outubro de 1965, quando os candidatos da oposição ao governo dos estados de Minas Gerais e da Guanabara (Grande Rio de Janeiro) derrotaram os candidatos pró-governo, os militares decretaram o Ato Institucional n. 2, que dissolveu todos os partidos políticos. No lugar deles, criaram um partido oficial pró-governo e um partido oficial de oposição.[17]

Nesse sentido, a ditadura militar brasileira parece diferente de outros regimes autoritários que chegaram ao poder na América Latina nas décadas de 1960 e 1970. Os governantes militares brasileiros estabeleceram uma aliança com políticos de direita, grandes proprietários de terras e capitães da indústria. Eles buscaram apoio entre a classe média e setores conservadores da Igreja Católica, e estavam preocupados com sua legitimidade. Portanto, não aboliram as eleições ou os partidos políticos. Em vez disso, controlaram cuidadosamente o processo político para garantir sua permanência no poder, utilizando as instituições formais da democracia quando isso atendia aos seus interesses. Quando atrapalhava, ignoravam os direitos e procedimentos democráticos.[18]

---

17 Kinzo, *Oposição e autoritarismo: gênese e trajetória do MDB, 1966-1979*.

18 Alves, *Estado e oposição no Brasil: 1964-1984*.

Em 1967 e 1968, diversos setores políticos e sociais se uniram em oposição ao regime militar. Carlos Lacerda, ex-governador do estado da Guanabara que havia sido um oponente declarado do regime de Goulart, ficou decepcionado por suas aspirações presidenciais terem sido frustradas. Ele rompeu com o governo militar e então organizou a formação de uma coalizão política, conhecida como Frente Ampla, para unir os ex-presidentes Kubitschek, Quadros e Goulart contra o regime militar. (Os militares proibiram essa tentativa de aliança em abril de 1968.) Membros do partido político de oposição, o Movimento Democrático Brasileiro (MDB), manifestaram-se no Congresso contra o regime.

Estudantes também ganharam protagonismo em sua oposição à ditadura. Eles se mobilizaram contra as políticas educacionais dos militares. Quando a polícia militar matou Edson Luís, estudante de Ensino Médio que morava no Rio de Janeiro, durante uma manifestação em março de 1968, protestos eclodiram por todo o país. Em 26 de junho de 1968, 100 mil pessoas participaram de uma passeata pelo centro da capital carioca pedindo o fim do regime militar.[19]

Ao mesmo tempo, dezenas de milhares de jovens se voltaram para organizações de esquerda para canalizar seu descontentamento político. Alguns grupos defendiam a necessidade de seguir os modelos revolucionários cubano ou chinês, organizando movimentos de guerrilha rural ou urbana para contestar e, eventualmente, derrubar a ditadura militar. Outros grupos afirmaram que era essencial promover uma organização de base paciente para forjar laços estreitos com a classe trabalhadora

---

19 Filho, *Movimento estudantil e ditadura militar, 1964-1985*; Sá, *As universidades e o regime militar*.

operária ou com os camponeses no interior como parte de um plano estratégico de mobilização contra o regime militar.

Entre os milhares de jovens brasileiros que se juntaram à oposição legal e clandestina ao regime militar estava Marcos Arruda. Estudante de geologia e ativista universitário, ele se radicalizou cada vez mais depois que os militares tomaram o poder, em 1964. Ele acabou se juntando a um dos grupos de esquerda, conhecido como Ação Popular, que estava se organizando contra o regime. A Ação Popular foi fundada em 1962 por jovens católicos que buscavam aliar suas crenças cristãs a um envolvimento em atividades políticas para resolver os problemas sociais e econômicos do país. À medida que a situação política piorava após o golpe, a Ação Popular recorreu ao marxismo como um arcabouço teórico para entender e mudar a sociedade brasileira.[20] Após um longo processo de amadurecimento político detalhado no epílogo, Marcos Arruda decidiu seguir a orientação política da Ação Popular e aceitar um emprego como operário. Ele encontrou trabalho em uma fábrica no cinturão industrial em torno de São Paulo. Seus colegas e ele tinham o objetivo de trabalhar lado a lado com assalariados de baixa renda no setor mais dinâmico da economia para conscientizar seus companheiros sobre a situação política do Brasil. Os militantes da Ação Popular consideravam esse um primeiro passo crucial em uma estratégia mais ampla para derrubar o regime militar e reorganizar a economia e a estrutura social brasileiras.

---

20 Ridenti, Ação Popular: cristianismo e marxismo. In: Ridenti; Reis (Orgs.), *História do marxismo no Brasil*; Ciambarella, Do cristianismo ao maoismo: a história da Ação Popular. In: Ferreira; Reis (Orgs.), *Revolução e democracia, 1964-...*, p.99-129.

Outros escolheram caminhos diferentes para se opor ao regime militar. Fidel Castro e seu bando barbudo de revolucionários, que derrubaram a ditadura cubana de Fulgencio Batista, serviram como referência. Muitos estudantes e outros oponentes do regime achavam que a situação do Brasil era semelhante à de Cuba, então formaram organizações guerrilheiras clandestinas ou se juntaram a elas. Para citar um exemplo, Carlos Marighella rompeu com o Partido Comunista Brasileiro, do qual era líder, em 1967 após uma viagem a Cuba e fundou a Ação Libertadora Nacional. A estratégia da organização para derrubar o governo incluía a criação de unidades armadas que "expropriavam" dinheiro de bancos e armas de instalações militares para manter o grupo e acumular recursos visando estabelecer bases guerrilheiras rurais. Quando estavam preparados para se mudar para o interior, planejaram realizar operações de guerrilha que acreditavam que levariam a confrontos em larga escala com os militares. Eles previam que suas ações inspirariam outros a se organizarem e derrubarem o regime militar.[21]

Apenas uma pequena minoria dos estudantes que se juntaram a manifestações legais contra o governo militar em 1968 se afiliou a essas organizações guerrilheiras. No entanto, por um tempo, eles desfrutaram da simpatia de muitos jovens brasileiros porque parecia que estavam dispostos a tomar medidas drásticas e fazer grandes sacrifícios para acabar com o regime militar.

Outros ativistas e líderes estudantis, como Marcos Arruda, discordavam dessa abordagem. Em vez de se preparar para confrontos armados com o regime, eles achavam que era mais importante organizar o apoio de base entre os operários. Como

---

21 Green, *Revolucionário e gay: a vida extraordinário de Herbert Daniel.*

marxistas, acreditavam fortemente que a classe trabalhadora desempenharia um papel crucial em qualquer grande transformação da sociedade brasileira, incluindo a derrubada da ditadura.

A resposta dos generais aos oponentes radicais do regime foi a repressão política. Logo após o golpe de Estado de 1964, o governo colocou em sua mira todos os ativistas políticos que pareciam se opor ao seu domínio. Eles usaram a tortura como meio de obter informações daqueles que se organizavam contra a ditadura. A tortura não só deu ao governo informações sobre operações clandestinas: ela também gerou medo entre os ativistas de esquerda e seus apoiadores.[22]

Ao longo de 1968, a oposição ao governo militar aumentou. Uma onda de protestos estudantis varreu o país. A oposição legal expressou mais abertamente suas objeções à ditadura. Políticos foram ao plenário do Congresso e denunciaram a repressão do governo às manifestações estudantis e o uso de tortura. Setores da Igreja Católica começaram a se manifestar contra o regime militar e apoiar os protestos estudantis.[23] Greves selvagens ocorreram em dois centros industriais do país. Em outubro, mil estudantes realizaram uma reunião clandestina da União Nacional dos Estudantes (UNE). A polícia cercou a fazenda onde ocorria o encontro nacional e prendeu os delegados e líderes do evento. Depois, em 13 de dezembro, os militares iniciaram uma onda de repressão. Um decreto do governo, conhecido como Ato Institucional n. 5, fechou o Congresso, suspendeu *habeas corpus*, expandiu a censura e arquivou outras proteções democráticas.

---

22 Huggins; Haritos-Fatouros; Zimbardo, *Operários da violência: policiais torturadores e assassinos reconstroem as atrocidades brasileiras.*

23 Serbin, *Diálogos na sombra: bispos e militares, tortura e justiça social na ditadura.*

A medida foi seguida por uma onda de prisões. A tortura se tornou generalizada e sistemática. A polícia e os militares presumiram que qualquer pessoa envolvida em atividades antigovernamentais ou que as apoiasse era culpada até que se provasse sua inocência. Realizadas as prisões, os militares e a polícia imediatamente torturavam a maioria dos detidos para obter detalhes sobre a identidade, o paradeiro e as atividades de outros membros ou apoiadores de determinada organização política de esquerda. Poucos dos que foram presos depois de 1968 foram poupados desses métodos. Muitos morreram enquanto eram interrogados. O tratamento dado a Marcos Arruda, descrito tão vividamente por sua mãe e em suas próprias lembranças daqueles meses horríveis na prisão, era a regra.[24]

Em resposta a essa intensificação da repressão, por todo o Brasil, pequenos grupos distintos de esquerdistas, clérigos católicos e protestantes, intelectuais, jornalistas e ativistas iniciaram campanhas para denunciar o uso de tortura contra presos políticos. Eles coletaram depoimentos e documentaram o abuso praticado pelo governo. Buscaram apoio internacional para a causa e contaram com o apoio de aliados na Igreja Católica, bem como de forças liberais e progressistas nos Estados Unidos e na Europa.[25]

Em junho de 1970, representantes do Conselho Nacional de Igrejas de Cristo, sediado nos Estados Unidos – uma coalizão ecumênica de denominações protestantes –, e da Conferência dos Bispos Católicos dos Estados Unidos entregaram um

24 Arns, *Brasil, nunca mais*.

25 Green, *Apesar de vocês: oposição à ditadura militar brasileira nos Estados Unidos, 1964-1985*.

extenso dossiê ao secretário-geral da Comissão Interamericana de Direitos Humanos (CIDH) da Organização dos Estados Americanos (OEA) em Washington, D.C. Ele continha descrições detalhadas do uso sistemático de tortura contra presos políticos brasileiros com base em relatos de primeira mão contrabandeados para fora do Brasil e compilados em um relatório abrangente. Após ler a extensa documentação, não se podia duvidar da veracidade das denúncias. Ao mesmo tempo, acadêmicos da América Latina que trabalhavam nos Estados Unidos fizeram circular petições e aprovaram resoluções exigindo que o governo brasileiro colocasse fim às prisões políticas e que o governo norte-americano cortasse toda a ajuda ao regime militar. Essas alegações detalhadas de abusos de direitos humanos acabaram chamando atenção da grande mídia e de membros do Congresso.[26]

Até a repressão de 1968, os políticos e a mídia dos Estados Unidos em geral repetiam as opiniões de funcionários do Departamento de Estado que manifestavam publicamente algumas ressalvas sobre os limites impostos à democracia no Brasil, mas hesitavam em tomar uma posição firme contra os generais no comando. Os relatos consistentes e persistentes sobre tortura despertaram uma preocupação maior sobre as condições dos direitos humanos no Brasil. Em maio de 1971, o senador de Idaho Frank Church realizou uma audiência fechada sobre o apoio do governo norte-americano aos programas de apoio à polícia no Brasil.[27] Ele posteriormente fez uma crítica explo-

---

26 Anistia Internacional, *Report on Allegations of Torture in Brazil*.

27 Congresso dos Estados Unidos. Senado. Comitê de Relações Exteriores. Subcomitê de Assuntos do Hemisfério Ocidental. *United States Policies and Programs in Brazil: Hearing before the Subcommittee on Western Hemisphere Affairs of the Committee on Foreign Relations*, 4, 5, 11 maio 1971.

siva à equivocada política de ajuda externa dos Estados Unidos, que dava apoio econômico e político a um regime autoritário. Enquanto essas campanhas internacionais buscavam aliviar a dor e o sofrimento dos presos políticos brasileiros, milhares continuavam presos.

Após uma longa e árdua campanha, a família e os amigos de Marcos Arruda conseguiram libertá-lo da prisão em 1971. Aconselhado pelo seu advogado a deixar o Brasil para evitar a possibilidade de nova prisão e tortura ele deixou o país, chegando a Washington, D.C., pouco depois da audiência do Senado sobre a ajuda dos Estados Unidos ao Brasil. Por meio de um contato na Conferência dos Bispos Católicos dos Estados Unidos, que generosamente lhe ofereceu um emprego logo após sua chegada, ele falou com a imprensa. Dan Griffin, jornalista que morara no Brasil, entrevistou Marcos para o *The Washington Post*, publicando um artigo completo intitulado "The Torture of a Brazilian" [A tortura de um brasileiro], que descrevia, em detalhes de tirar o fôlego, o que Marcos sofreu na prisão.[28] Foi a primeira vez que um relato tão meticuloso da tortura de um ativista latino-americano por seu governo apareceu na imprensa norte-americana. A história provocou um editorial contundente do *The Washington Post* contra o apoio do presidente Richard M. Nixon ao regime brasileiro.[29] A notícia e o editorial também reforçaram o sentimento crescente nas páginas de opinião da imprensa norte-americana de que Washington não deveria direcionar sua ajuda externa para regimes repressivos.

---

28 Griffin, The Torture of a Brazilian. *The Washington Post*, 19 set. 1971, p.D3-1.

29 Brazil and Torture, *The Washington Post*, 26 set. 1971, p.E-6.

Três anos depois, uma audiência no Congresso documentou a prisão e a tortura de Fred Morris, pastor metodista norte-americano que vivia no Brasil.[30] Em 1975, a Emenda Harkin ao Ato de Assistência Estrangeira deu ao Congresso o poder de limitar a assistência econômica dos Estados Unidos a "qualquer país que se envolva em um padrão consistente de violações graves de direitos humanos internacionalmente reconhecidos".[31] No ano seguinte, o Congresso expandiu essa restrição para incluir ajuda militar.

Em 1973, representantes de várias organizações revolucionárias que viviam em Paris declararam que a estratégia de guerrilha havia falhado. A maioria das organizações guerrilheiras havia sido destruída por campanhas sistemáticas do governo. Tendo eliminado os últimos resquícios das organizações de luta armada, o aparato repressivo se voltou contra o Partido Comunista Brasileiro, que ironicamente havia adotado uma estratégia moderada na oposição ao regime militar. Em 1975, a polícia prendeu Vladimir Herzog, jornalista da televisão de São Paulo e suposto membro do Partido Comunista. Ele morreu durante o interrogatório, mas a polícia insistiu que ele havia se enforcado enquanto estava sob custódia. Mais de 8 mil pessoas desafiaram as restrições do governo e compareceram a uma cerimônia religiosa ecumênica em sua homenagem na catedral católica

---

30 Congresso dos Estados Unidos. Subcomitê de Organizações Internacionais e Movimentos do Comitê de Relações Exteriores. *Torture and Oppression in Brazil*, 11 dez. 1974; Morris, In the Presence of Mine Enemies, *Ramparts*, p.57-70, out. 1975.

31 Apud Bartoli; Burback; Hathaway; High; Kelly, Human Rights... "In the Soul of Our Foreign Policy", *NACLA Report on the Americas*, v.3, n.1, mar.-abr. 1979, p.4-11.

no centro de São Paulo. Foi o maior protesto público contra o regime militar desde 1968.

Quando Ernesto Geisel chegou ao poder, em 1974, como o quarto general de exército a governar o país, ele prometeu uma liberalização gradual e um eventual retorno à democracia. A "abertura política", como era chamada, incluía a suspensão de algumas restrições a campanhas eleitorais. Para desgosto dos militares, o oposicionista MDB derrotou o partido oficial pró-governo nas disputas para o Congresso daquele ano. Ao mesmo tempo, os problemas econômicos, alimentados pela crise internacional do petróleo da década de 1970, enfraqueceram o apoio dos militares em meio à classe média. À medida que Geisel navegava o sistema político em direção a uma democratização controlada, a oposição ganhava terreno. O MDB continuou vencendo os militares nas urnas nas eleições municipais e nacionais para o Congresso. Em 1976 e 1977, os estudantes começaram a protestar contra a natureza repressiva do regime militar. No ano seguinte, operários das indústrias automobilísticas da Grande São Paulo entraram em greve contra as políticas salariais restritivas do governo.

Durante a permanência de Marcos Arruda nos Estados Unidos, ele desempenhou um papel de liderança na criação de campanhas nacionais contra o apoio do governo norte-americano aos regimes autoritários no Brasil, no Chile, na Argentina e em outros países da América Latina. Mais tarde, mudou-se para a Europa para continuar o trabalho relacionado a direitos humanos e justiça social, colaborando com exilados brasileiros, incluindo o internacionalmente conhecido educador Paulo Freire, no Instituto de Ação Cultural, em Genebra, na Suíça. Ele se juntou a um projeto educacional na Guiné-Bissau, uma pequena nação africana que havia recentemente conquistado sua independência de Portugal, e participou da produção de um livro de ampla circulação sobre exilados brasileiros, que visava apoiar a campanha por anistia política e o retorno dos ativistas forçados a viver no exterior.[32]

Em 1979, após forte campanha da oposição brasileira, João Figueiredo, o quinto general de exército a assumir a presidência, concedeu anistia à maioria dos presos e exilados políticos. Marcos Arruda retornou ao Brasil brevemente e então se estabeleceu em sua terra natal em 1982. Continuou envolvido em ações políticas, produções intelectuais e organizações de base, trabalhando para construir um mundo alternativo de igualdade e justiça social.[33] Sua mãe, Lina, também retornou ao Brasil em 1981, onde trabalhou como intérprete até se aposentar.

Quando a raiva de Lina Sattamini contra aqueles que queriam esquecer as histórias de vítimas de tortura a impulsionou a escrever suas próprias memórias sobre a saga de seu filho, ela tinha uma abundância de cartas e outros materiais à sua disposição para documentar seu relato. Como estava nos Estados Unidos quando o filho foi preso e precisou continuar trabalhando lá para arrecadar fundos para apoiar a campanha por sua libertação, ela e a família acabaram produzindo um tesouro de correspondências. Essas cartas documentam sua angústia diária enquanto

---

32 Cavalcanti; Ramos (Eds.). *Memórias do exílio, Brasil 1964-19??*.

33 Entre os livros escritos ou editados por Arruda estão: Cavanagh; Wysham; Arruda, *Beyond Bretton Woods: Alternatives to the Global Economic Order*; Arruda, *Dívida e(x)terna: para o capital, tudo, para o social, migalhas*; Arruda, *External Debt: Brazil and the International Financial Crisis*; Arruda, *Cartas a Lula: um outro Brasil é possível*; Arruda; Boff, *Globalização – desafios socioeconômicos, éticos e educativos: uma visão a partir do sul*.

tentavam localizar Marcos, cuidar de sua saúde e, por fim, libertá-lo. Na época, ligações telefônicas internacionais eram caras e complicadas, então as cartas eram o único meio de comunicação viável. Se a família tivesse atuado apenas no Brasil, ela provavelmente teria destruído quaisquer registros escritos por medo de uma possível varredura policial em suas casas. Felizmente, as cartas foram salvas. A narrativa de Lina Sattamini capta sua ternura, paixão, amor e indignação. As correspondências sinceras oferecem às novas gerações de leitores que vivem em décadas distantes daqueles tempos um poderoso relato em primeira pessoa de como a população lidava com um drama pessoal tão insuportável.

Os formuladores de políticas públicas norte-americanos em Washington demoraram a se distanciar da ditadura militar brasileira. O presidente Nixon (1969-1974) brindou o general de exército e presidente Médici (1969-1974) na Casa Branca em dezembro de 1971. Marcos Arruda, Lina Sattamini e seus amigos e aliados norte-americanos protestaram contra a visita do ditador brasileiro em uma pequena manifestação do outro lado da rua, na Praça Lafayette. Foram necessários vários anos de campanha e uma ampla coalizão de forças liberais e progressistas para convencer o Congresso a forçar o governo Gerald Ford (1974-1976) a levar em consideração os direitos humanos ao autorizar ajuda a países estrangeiros.

A política dos Estados Unidos para o Brasil só mudou significativamente quando Jimmy Carter (1977-1980) assumiu a presidência e priorizou padrões de direitos humanos em questões de política externa.[34] Naquela época, os direitos huma-

34 Kelly, *Sovereign Emergencies: Latin America and the Making of Global Human Rights Politics*.

nos haviam se tornado um termo familiar nos Estados Unidos, e a Anistia Internacional havia sido reconhecida como líder mundial na campanha contra a tortura. O apelo de Lina Penna Sattamini para que nunca esqueçamos não é apenas um convite para lembrar o passado. É também um apelo para denunciar o uso, até os dias atuais, dessas técnicas de interrogatório que quase tiraram a vida de seu filho.

Referências bibliográficas

ALVES, M. H. M. Estado e oposição no Brasil: 1964-1984. 2.ed. Bauru: Edusc, 2005.

ANISTIA Internacional. *Report on Allegations of Torture in Brazil*. Palo Alto: West Coast Office, Amnesty International, 1973.

ARNS, P. E. *Brasil, nunca mais*. 10.ed. Petrópolis: Editora Vozes, 1985.

ARRUDA, M. *Dívida e(x)terna*: para o capital, tudo, para o social, migalhas. Petrópolis: Editora Vozes; Rio de Janeiro: Instituto Políticas Alternativas para o Cone Sul, 1999.

______. *External Debt*: Brazil and the International Financial Crisis. Trad. Peter Lenny. London; Sterling, VA: Pluto Press, em conjunto com Christian Aid e o Transnational Institute, 2000.

______. *Cartas a Lula:* um outro Brasil é possível. Rio de Janeiro: Documenta Histórica Editora, 2006.

ARRUDA, M.; BOFF, L. *Globalização* – desafios socioeconômicos, éticos e educativos: uma visão a partir do sul. Petrópolis: Editora Vozes, 2001.

BARTOLI, A.; BURBACK, R.; HATHAWAY, D.; HIGH, R.; KELLY, E. Human Rights... "In the Soul of Our Foreign Policy". *NACLA Report on the Americas*, v.3, n.1, mar.-abr. 1979, p.4-11.

CAVALCANTI, P. C. U.; RAMOS, J. (Eds.). *Memórias do exílio, Brasil 1964-19??* Lisboa: Arcádia, 1976; São Paulo: Editora e Livraria Livramento, 1978.

CAVANAGH, J.; WYSHAM, D.; ARRUDA, M. *Beyond Bretton Woods*: Alternatives to the Global Economic Order. London; Boulder, Colo.:

Pluto Press; Washington, DC: Institute for Policy Studies; Amsterdam: Transnational Institute, 1994.

CIAMBARELLA, A. Do cristianismo ao maoismo: a história da Ação Popular. In: FERREIRA, J.; REIS, D. A. (Orgs.). *Revolução e democracia, 1964-....* v.3: As esquerdas no Brasil. Rio de Janeiro: Civilização Brasileira, 2007.

CONGRESSO dos Estados Unidos. Senado. Comitê de Relações Exteriores. Subcomitê de Assuntos do Hemisfério Ocidental. *United States Policies and Programs in Brazil*: Hearing before the Subcommittee on Western Hemisphere Affairs of the Committee on Foreign Relations. 92ª legislature, 1ª sessão, 4, 5, 11 maio 1971.

CONGRESSO dos Estados Unidos. Subcomitê de Organizações Internacionais e Movimentos do Comitê de Relações Exteriores. Torture *and Oppression in Brazil*. 93ª legislatura, 2ª sessão, 11 dez. 1974.

COUTO, R. C. *Juscelino Kubitschek*. Brasília: Câmara dos Deputados, Cedi-Edições Câmara; Senado Federal, Edições Técnicas, 2011.

FICO, C. *O grande irmão*: da Operação Brother Sam aos anos de chumbo. O governo dos Estados Unidos e a ditadura militar brasileira. Rio de Janeiro: Civilização Brasileira, 2008.

FILHO, J. R. M. *Movimento estudantil e ditadura militar*, 1964-1985. Campinas: Papirus Livraria, 1987.

GREEN, J. N. *Apesar de vocês*: oposição à ditadura militar brasileira nos Estados Unidos, 1964-1985. São Paulo: Companhia da Letras, 2009.

______. *Revolucionário e gay*: a vida extraordinário de Herbert Daniel. Rio de Janeiro: Civilização Brasileira, 2018.

GRIFFIN, D. The Torture of a Brazilian. *The Washington Post*, 19 set. 1971, p.D3-1.

HUGGINS, M. K. *Polícia e política*: relações Estados Unidos / América Latina. São Paulo: Cortez Editora, 1998.

______; HARITOS-FATOUROS, M.; ZIMBARDO, P. G. *Operários da violência*: policiais torturadores e assassinos reconstroem as atrocidades brasileiras. Brasília: Editora UnB, 2006.

KELLY, P. W. *Sovereign Emergencies*: Latin America and the Making of Global Human Rights Politics. Cambridge, UK: Cambridge University Press, 2018.

KINZO, M. D'A. G. *Oposição e autoritarismo*: gênese e trajetória do MDB, 1966-1979. São Paulo: Edições Vértice; Editora Revista dos Tribunais, 1988.

LOUREIRO, F. P. A *Aliança para o Progresso e o governo João Goulart (1961-1964)*: ajuda econômica norte-americana a estados brasileiros e a desestabilização da democracia no Brasil pós-guerra. São Paulo: Editora Unesp, 2020.

MEMORANDO de conversação entre o presidente Kennedy e o senador (ex-presidente) Kubitschek do Brasil, 15 set. 1961, NSF, caixa 12, Br. Gen. 10/61/-11/61, 1, Biblioteca Presidencial John F. Kennedy.

MORRIS, F. B. In the Presence of Mine Enemies. *Ramparts*, out. 1975, p.57-70.

MOTTA, R. P. S. *Passados presentes*: o golpe de 1964 e a ditadura militar. Rio de Janeiro: Zahar, 2021.

NAPOLITANO, M. *1964*: história do regime militar brasileiro. São Paulo: Contexto, Jaime Pinsky, 2014.

NETO, L. *Getúlio*. 3 v. São Paulo: Companhia das Letras, 2012.

PAGE, J. A.; SUASSUNA, A. A *revolução que nunca houve*: o Nordeste do Brasil, 1955-1964. Rio de Janeiro: Editora Record, 1972.

RIDENTI, M. Ação Popular: cristianismo e marxismo. In: RIDENTI, M.; REIS, D. A. (Orgs.). *História do marxismo no Brasil*. v.5: Partidos e organizações dos anos 1920 ao 1960. Campinas: Editora Unicamp, 2003.

_______. *O fantasma da revolução brasileira*. 2.ed. rev. amplo. São Paulo: Editora Unesp, 2010.

SÁ, R. P. *As universidades e o regime militar*. Rio de Janeiro: Editora Zahar, 2014.

SATTAMINI, L. P. *Esquecer? Nunca mais!* A saga de meu filho Marcos P. S. de Arruda. Rio de Janeiro: Produtor Editorial Independente, 2000. [Ed. ingl.: *A Mother's Cry*: A Memoir of Politics, Prison, and Torture under the Brazilian Military Dictatorship. Trad. Rex P. Nielson e James N. Green. Durham: Duke University Press, 2010.]

SERBIN, K. P. *Diálogos na sombra*: bispos e militares, tortura e justiça social na ditadura. São Paulo: Companhia das Letras, 2002.

SKIDMORE, T. E. *Brasil*: de Getúlio a Castello (1930-1964). São Paulo: Companhia das Letras, 2015.

SKIDMORE, T. E. *The Politics of Military Rule in Brazil, 1964-1985*. New York: Oxford University Press, 1988.

SOUZA, F. de A. L. de. *Nordeste*: o Vietnã que não houve – ligas camponesas e golpe de 1964. Londrina, Paraná: Editora da Universidade Estadual de Londrina, 1996.

THE WASHINGTON Post. Brazil and Torture. *The Washington Post*, 26 set. 1971. p.E-6.

TOTA, A. P. *O imperialismo sedutor*: a americanização do Brasil na época da Segunda Guerra. São Paulo: Companhia das Letras, 2000.

Esquecer? Nunca mais!

A saga de meu filho Marcos Arruda

Capítulo 1
O começo

Nova Iorque, 20 de maio de 1970.

Voltei do trabalho ao hotel Statler Hilton, em Nova Iorque, e, ao pedir a chave na portaria, encontrei a carta escrita pela minha mãe. Meu coração parou. O Marcos foi preso! O que mais poderia estar escrito em uma carta misteriosa enviada ao hotel?

Eu trabalhava nos Estados Unidos havia doze anos como intérprete para a Usaid (Agência para o Desenvolvimento Internacional, dos Estados Unidos). Eu era chamada de intérprete-acompanhante, trabalhando com indivíduos da agência com um aparelho portátil de interpretação simultânea e viajando por diversos lugares onde eles tinham que executar projetos.

Imediatamente, liguei para minha mãe no Rio de Janeiro, que confirmou o que eu mais temia.

– É verdade. O Marcos está sumido desde o começo de maio. Dizem que ele estava indo encontrar alguém quando foi preso. Só soubemos agora por um bilhete do general.

A fonte da nossa informação, o coronel, era o sogro do meu sobrinho e afilhado.

Foi assim que começou a verdadeira via sacra das nossas vidas, uma época cheia de dor, desespero e raiva.

Alguém lhe forneceu informações falsas, dizendo que o Marcos ainda não tinha sido interrogado. Essa mentira escondia uma verdade horrorosa. Meu filho foi torturado ao ponto de ser levado ao hospital, onde os médicos achavam que ele ia morrer.

Marcos Penna Sattamini de Arruda foi sequestrado no meio da rua em São Paulo, no dia 11 de maio de 1970, quando ele ia encontrar uma moça para almoçar. Não havia o menor registro da sua prisão em parte alguma. Marcos simplesmente sumiu por 24 dias.

Antes de o coronel entrar em contato com a nossa família, uma amiga da minha filha Martinha havia ligado para ela. Ela a avisou da prisão de Marcos e pediu que a Martinha fosse a São Paulo.

Sem que ninguém soubesse, Martinha foi até a casa da ex-esposa do Marcos, em São Paulo, em busca de notícias do irmão. Minha ex-nora abriu uma fresta da porta. Com a voz desdenhosa, ela sussurrou:

– Vá para o Rio, Martinha. Esqueça o Marcos.

Martinha insistiu.

– Mas ele foi preso. Temos que ajudar a encontrá-lo.

A ex-mulher do Marcos simplesmente fechou a porta.

Revoltada e magoada, minha filha passou a noite na casa de um amigo do seu namorado, dizendo-lhe que viera fazer uma pesquisa de trabalho. No dia seguinte, Martinha encontrou-se com a amiga que lhe telefonou por causa do Marcos. Ela aconselhou o envolvimento da família para que não matassem Marcos.

Enquanto isso, minha mãe e outros no Rio entravam em contato com todos os militares que eles ou amigos de conhecidos conheciam. Eles finalmente chegaram ao ministro do Exército, que prometeu que "Marcos não seria tocado...", uma mentira.

Durante os 24 dias em que ele ficou sumido, minha mãe e meu ex-marido, o pai de Marcos, foram a todas as delegacias que poderiam possivelmente estar envolvidas: Departamento de Ordem Social e Política (Dops), Operação Bandeirantes (Oban) e o Presídio Tiradentes, em São Paulo.[1] Eles ouviram as mesmas negações e mentiras. No final, soubemos que Marcos foi levado à força para a Oban.

---

1 [O Departamento de Ordem Social e Política (Dops) foi criado em 1924 como a polícia política de São Paulo, responsável por investigar, prender e interrogar pessoas envolvidas em supostas atividades políticas subversivas. Durante o regime militar (1964-1985), o Dops tornou-se infame, um local onde oficiais torturavam e matavam presos políticos. Um bandeirante era um pioneiro que vagava pelo interior da província de São Paulo do século XVI ao século XVIII, enquanto o Brasil estava sob domínio português. Muitos estavam envolvidos na captura de indígenas para serem vendidos como escravos. O bandeirante é o símbolo do estado de São Paulo, embora a imagem negativa dessa figura como traficante de pessoas escravizadas raramente seja notada. O Presídio Tiradentes era o principal local onde os presos políticos eram encarcerados. (N.E.)]

Capítulo 2
Operação Bandeirantes

A Oban, ou Operação Bandeirantes, era formada pelas Forças Armadas e apoiada financeiramente por empresários, tendo como objetivo principal "interrogar" indivíduos suspeitos de atividades terroristas ou subversivas. Um relatório publicado pela ONG *Anistia Internacional* em 1973 afirmava: "A Operação Bandeirantes é uma espécie de escola avançada de tortura. Pode-se dizer que há poucas pessoas em São Paulo, e provavelmente em todo o Brasil, que não tenham lido sobre a Operação Bandeirantes (ou Oban) na imprensa brasileira".

Um artigo da revista brasileira *Veja*, publicado em 12 de novembro de 1969, deu a seguinte descrição:

> Em São Paulo, a Operação Bandeirantes, organização criada pelo comando do II Exército com a função exclusiva de prender terroristas e subversivos, tinha um caráter mais ou menos autônomo. Mas recebe e continua a receber grande quantidade de informações da Guanabara, onde se localiza o cérebro das ações antiterroristas, representado principalmente pelos Serviço Secreto do Exército, Centro de

Informações do Exército (CIE) e Centro de Informações da Marinha (Cenimar).[1]

Os jornais de idioma inglês também denunciavam a Oban como responsável pelas mais pavorosas torturas. *The Herald Tribune*, de 6 de novembro de 1970, publicou a seguinte notícia:

> A Operação Bandeirantes foi criada em setembro de 1969 por um grupo de 78 a 80 indivíduos de direita do Exército, Marinha, Força Aérea e Polícia. A meta era criar uma equipe da polícia especializada para esmagar os grupos de guerrilha e "trabalhar" sobre qualquer suspeito. A Oban atuava num elegante distrito de São Paulo, Ibirapuera. Os métodos adotados estão revelados em uma declaração assinada por 11 eminentes jornalistas brasileiros que estiveram presos no Presídio Tiradentes.

Segundo o jornalista A. J. Langguth, que escreveu sobre Oban em seu livro *Hidden Terrors*:

> Henning Albert Boilesen, presidente de uma companhia de gás líquido, agia nesse sentido. Boilesen tinha vindo da Dinamarca para o Brasil como funcionário da Firestone Rubber Co. Dezessete anos depois, naturalizou-se brasileiro. Andava facilmente por São Paulo nas altas rodas da sociedade próspera, angariando uma lista de amigos influentes, como o ex-ministro Hélio Beltrão; Ernesto Geisel, presidente da Petrobrás; general Siseno Sarmento, entre outros.
>
> Havia a suspeita de que Boilesen era um agente da CIA, que aumentou quando ele começou a pedir dinheiro para uma nova

1 Estratégia para matar o terror, *Veja*, 12 nov. 1969, p.27.

organização que se chamaria Operação Bandeirantes, em homenagem aos bandeirantes.[2]

O relatório da Anistia Internacional, de 1973, afirma: "A tortura é aplicada na Oban de modo muito preciso, não varia e é aplicada rotineiramente de maneira padronizada, nem varia em todas as vítimas. [...] A tortura faz parte integrante do sistema da Oban".[3] O testemunho dos torturados, porém, fala por si.

O "pau de arara"

O pau de arara consiste em uma barra de ferro que é colocada atravessada entre os punhos amarrados e a dobra dos joelhos, sendo entre o "conjunto" colocado entre duas mesas, [ou dois cavaletes,][4] ficando o corpo do torturado pendurado a cerca de 20 ou 30 centímetros do solo. Esse método quase nunca é usado isoladamente, seus "complementos" normais são eletrochoques, a palmatória e afogamento [...].
(Augusto César Salles Galvão, 21 anos, estudante, Belo Horizonte, 1970)

[...] O pau de arara era uma estrutura metálica, desmontável [...] que era constituído por dois triângulos de tubo galvanizado em que um dos vértices possuía duas meias luas em que eram apoiados, por sua vez, era introduzida debaixo dos seus joelhos e entre as mãos, que eram amarradas e levadas até os joelhos [...]
(José Milton Ferreira de Almeida, 31 anos, engenheiro, Rio de Janeiro, 1976)

---

2 Langguth, *Hidden Terrors*, p.122-3.

3 Amnesty International, *Report on Allegations of Torture in Brazil*, p.18.

4 [N.E.]

O choque elétrico

O eletrochoque é dado por um telefone de campanha do Exército que possui dois fios longos que são ligados ao corpo, normalmente nas partes sexuais, além dos ouvidos, dentes, língua e dedos.

(Augusto César Salles Galvão)

O último recurso era tentar fazer com que um prisioneiro convencesse o outro de falar, como comprova carta ao juiz auditor de São Paulo, escrita por Marlene de Sousa Soccas, de 32 anos, dentista, em 1972:

> Dois meses depois da minha prisão, quando eu estava na prisão Tiradentes, fui levada de volta para a Oban. Meus torturadores acreditavam que eu estava em contato com o geólogo, Marcos Penna Sattamini de Arruda, que há mais de um mês vinha sendo torturado. Levaram-me à sala de tortura e um dos torturadores, o capitão do Exército, avisou: "Prepare-se para ver entrar Frankenstein".
>
> Vi aquele cidadão entrar na sala com o passo lento e incerto, apoiando-se na bengala, uma das pálpebras caída, a boca contorcida, os músculos do abdômen tremendo constantemente, incapaz de articular bem as palavras. Ele havia sido hospitalizado entre a vida e a morte, após o violento traumatismo que sofreu nas torturas. Disseram: "Obrigue-o a falar porque a Gestapo não tem mais paciência, e, se um de vocês não falar, nós o mataremos, e a morte dele será sua responsabilidade".
>
> Não falamos, não por heroísmo, mas porque nada tínhamos a falar [...][5]

5 Ibid., p.21.

Reza o artigo 50 da Declaração Universal dos Direitos Humanos, assinada pelo Brasil: "Ninguém será submetido a tortura, nem a tratamento ou castigo cruel, desumano ou degradante".[6]

6 Arns, *Brasil, nunca mais*, parte I, capítulo 2.

Capítulo 3
O Hospital Militar

É difícil descrever os 24 dias nos quais Marcos desapareceu. Minha mãe relatou essa experiência em uma carta datada de 9 de maio de 1970:

> O nome de Octávio Medeiros, nosso amigo e secretário de Médici, abriu-me as portas. Fui tratada com a maior cortesia e respeito. A minha fisionomia de Mater Dolorosa dizia tudo... Em toda parte, falei da ignorância em que vivíamos, de que Marcos jamais esteve em atividades "subversivas", contando a vida dele desde menino e rapaz. Falei dos colégios religiosos, dos escoteiros, da bolsa nos EUA, do seminário jesuíta e da formatura em Geologia. Falei do casamento e do trabalho em Petrópolis com aerofotogrametria. Depois, da separação, que nos entristeceu, pois ele gostava muito dela.

Minha mãe tentou provar a bondade e o gênio manso de Marcos. Os militares apenas sugeriram que fôssemos ao hospital buscar mais informações sobre ele.

Na época, minha mãe tinha 75 anos. Ela sofreu intensamente pela situação de Marcos e buscou repetidas vezes contato com militares de alto escalão, até que, conforme mencionado em uma carta, conseguiu encontrar-se com o coronel que havia fornecido notícias sobre o Marcos. Diante de sua angústia, o coronel enviou um cartão de apresentação ao chefe do estado-maior do II Exército. Foi somente assim que obtivemos permissão para visitar o hospital onde Marcos estava confinado.

Apesar das idas frequentes ao Hospital do II Exército, minha mãe e o pai de Marcos nunca foram autorizados a vê-lo. Persistindo diariamente, conheceram a amável Irmã Catarina, encarregada do cuidado do meu filho. Por meio dela, começaram a descobrir a verdade sobre o seu estado de saúde.

Soubemos que Marcos estava no mesmo leito em que ficara o Frei Tito, outra vítima da brutalidade militar contra prisioneiros políticos. Frei Tito era um frade dominicano que havia sido torturado barbaramente e que tentou cometer suicídio na esperança de chamar a atenção do público para o que os militares estavam fazendo. Ele sabia que as pessoas questionariam por que um padre tentaria cometer suicídio. Porém, tudo foi abafado e a história chegou ao público muito depois. A tortura foi tanta que ele nunca mais foi o mesmo. Mais tarde, quando foi liberto da prisão, ele foi a um mosteiro na França, onde enforcou-se em uma árvore do jardim.

Era através da Irmã Catarina que nossa família tentava levar ao Marcos docinhos, pijamas e cartas, na esperança de que isso iria animá-lo. Porém, apenas as cartas eram entregues, e ainda assim só após serem censuradas.

Minha mãe, muito chorosa e humilde, pediu a alguém no escritório de relações públicas do Hospital Militar para comunicar a Marcos que ela e seu pai estavam dispostos a fazer tudo para libertá-lo.

Por acaso, descobrimos por meio de outros ex-prisioneiros que a Oban havia levado Marcos ao hospital de maca, em um estado desesperador. Eles disseram que o rosto dele estava tão deformado que só o reconheceram pela roupa. A primeira palavra que conseguiu dizer foi "Padre...".

Chamaram o capelão militar do hospital, que também era capitão. Ele veio ouvir a confissão de Marcos, e estava acompanhado por quatro agentes da polícia. O padre se recusou a ouvir a confissão de Marcos naquelas circunstâncias e insistiu que os policiais saíssem. Marcos aproveitou a privacidade da confissão para relatar como havia sido torturado e quase morto. Ele pediu ao padre que informasse sua família sobre o local onde ele estava detido. O padre lhe deu a extrema-unção e a absolvição, mas não fez nada do que Marcos havia pedido.

Mais tarde, soubemos que outros presos políticos testemunharam que Marcos fora brutalmente torturado. Quando não aguentava mais, seu corpo entrava em convulsões violentas. Além disso, disseram que ele fora obrigado a testemunhar a tortura de outros prisioneiros, embora Marcos nunca tenha se lembrado de vivenciar essa experiência.

Minha mãe e o pai de Marcos continuaram a ir diariamente ao hospital, às vezes juntos e às vezes sozinhos, mas nunca foram autorizados a entrar para ver Marcos. Apesar de a lei estipular que um prisioneiro poderia ficar incomunicável por apenas dez dias, negaram-lhe qualquer contato externo. A família permanecia levando comida e cartas, entregues para a Irmã Catarina.

Durante uma das visitas ao hospital, minha mãe foi informada de que, se fosse perdoado e libertado, seria prudente que Marcos deixasse o país para que pudesse "ser esquecido".

Eu ainda permanecia nos Estados Unidos, onde morava e trabalhava. Recebi muitas cartas de minha mãe e dos meus filhos dizendo que não faria diferença se eu fosse ao Brasil, pois não conseguiria fazer nada pelo Marcos além do que já estava sendo feito. Ele ainda precisava comparecer perante um juiz antes de ser libertado. Naquele momento, ele estava preso no hospital, onde as surras e torturas continuavam, sem a menor noção de quando ou se nos veria novamente.

Só quem passou por tudo isso – e foram tantos – pode compreender a impotência da família perante o medo de prejudicá-lo. Diante de ameaças e sobreavisos, enfrentamos constantemente um sentimento de "devo?" ou "não devo?", "será melhor?" ou "será pior?".

Chamadas telefônicas e cartas do Rio me sustentaram durante esse período. Aqui estão seleções de algumas delas:

Carta da minha filha Mônica para mim

Rio, 6 de abril de 1970.

As coisas vão bem melhor. Acho que daqui para frente não há mais tanto para nos preocuparmos. Ele foi encontrado e já pode receber visitas [isso, infelizmente, não foi verdade]. Hoje vovó e papai irão a São Paulo resolver isto. Por enquanto foi a primeira etapa, agora, com paciência e muito trabalho, temos que esperar o resto, que é sempre demorado, às vezes seis meses ou mais...

Enquanto essas notícias não chegavam, passamos maus momentos.

Vovó queria se entregar ao desespero. Tivemos que insistir que não podia, que tinha que ficar forte para dar forças a ele. Tivemos que motivá-la. No começo foi duro. Tentou até ameaçar suicídio, imagine! Agora está bem melhor e calma.

Carta da minha filha Martinha para mim

Rio, 8 de junho de 1970.

Imagino bem como você está se sentindo neste momento. Nós estamos fazendo força para não nos entregarmos ao sofrimento e à dor. Pelo contrário. Temos um grande trabalho pela frente a ser realizado por todos e cada um.

Infelizmente, de nada adiantaria você se despencar para cá, deixando o trabalho e tudo. Se houvesse realmente alguma coisa a fazer eu seria a primeira a te chamar, viu?

Carta de Martinha para mim

Rio, 13 de junho de 1970.

Hoje as notícias são outras: ele está hospitalizado e com ordem de não sair de lá. Nem ser removido para lugar algum. Vovó está indo lá todos os dias, mas não pode vê-lo. Os médicos dizem que ele não pode se emocionar e receber visitas. Mas nós sabemos que não é nada disso, eles não querem mesmo é que ele seja visto por alguém.

Dizem que o estado dele é de recuperação lenta e não há um diagnóstico do "quê" é esta recuperação [...].

Quanto a vocês mandarem dinheiro, por enquanto, qualquer 20 ou 30 dólares que puderem já ajuda a pagar as viagens para São Paulo, que muitas vezes são de avião. Sei que não ficarão nada calmos com essas notícias, mas é preciso saber que é melhor do que nada. Agora podemos agir, temos fatos, confirmações etc.

Mamãe, é muito duro, muito duro aguentar tudo isso, mas não se deixe abater, não se entregue agora. Nós contamos com você como apoio e aprendemos com você a botar o queixo para o alto e andar em frente [...].

Carta de Martinha para mim

Rio, 23 de junho de 1970.

Eu compreendo que você esteja se desesperando aí, pois a distância e a falta de notícias frescas aumentam muito a angústia. Vovó contou para você tudo o que sabemos: o estado de saúde dele, as melhoras, o cuidado da freira e do padre, as coisas que o major vai soltando devagarinho e até as coisas que dizem os outros funcionários do hospital.

Recebemos seus US$ 130.00 e vendemos bem alto. Agora não é cruzeiro novo, é só cruzeiro. *Thanks!* Vai ser de grande ajuda.

Fora isso não deve fazer nada por enquanto, pois pode realmente prejudicá-lo aqui, inclusive podem fechar as portas de novo para a vovó, que está quase conseguindo vê-lo.

Até agora papai e vovó têm sido muito bem tratados lá, porque ainda não mexemos com advogados nem nada [...]. Quando é só a família, eles abrem mais, sabe? Pensam que não há oposição nenhuma e ficam mais simpáticos. Quem sabe, talvez, a gente possa, dentro de pouco, vê-lo?

É claro que todo o mundo está preocupado e com os nervos esticados o quanto possível. Por isso só achamos melhor cada um contribuir para conseguir melhoras, progressos na convalescença, informações e pistolões... Temos que levar uma vida normal para não acabar de arrebentar os nervos e a saúde. Eu, por exemplo, não vou ao cinema há três meses. Tenho comido de forma doentia e neurótica.

Em uma visita ao hospital, alguns médicos perguntaram se Marcos era epiléptico ou se já tinha sido, porque estava tendo convulsões que pareciam crises epilépticas. Apesar de saberem da tortura sofrida por Marcos, os médicos militares procuravam provas de que o estado de Marcos não tinha sido causado pela tortura, mas sim resultado de problemas hereditários.

Soubemos nessa ocasião que Marcos estava muito trêmulo, com distúrbio neuromotor, sendo visto por psiquiatras, neurologistas e traumatologistas, como diziam "eles". Só soubemos por outros que tinha uma pálpebra caída e dificuldades para andar. Também descobrimos que ele fora preso sob acusação de terrorismo. No entanto, até hoje, nada foi provado, a não ser que ele trabalhava como operário, em uma fábrica, inspirado pelos padres operários franceses e belgas. A finalidade era ajudar os trabalhadores a se conscientizar de suas condições de vida e de trabalho e se organizar no sindicato. Ele também queria apoiá-los no plano espiritual.

Só muito mais tarde soubemos, pelo próprio Marcos, que ele havia recebido choques elétricos que causaram um distúrbio neurológico que provocou as convulsões. Os médicos até solicitaram que eu e o pai do Marcos fizéssemos um eletrocardiograma para provar que Marcos não havia herdado uma doença epiléptica.

Quando a freirinha não estava presente, os torturadores voltavam diariamente, para o interrogatório, até que, em um fim de semana, dois guardas da Oban, que tomavam conta da cela, entraram e começaram a dar socos no peito e na barriga, enquanto Marcos protegia o rosto com os braços. Depois, ele contou que encolhia as pernas com grande dificuldade, pois o tremor era tanto que não tinha total controle das mesmas. Ele não conseguia gritar, pois os choques dados na boca impediam que a voz saísse por causa da língua ainda inchada. Só depois de algum tempo, e com grande dificuldade, a voz saiu mais forte e Marcos disse:

– Irmã, irmã, eles estão me agredindo!

Ela perguntou indignada aos guardas:

– Vocês fizeram isso?

E os cínicos responderam, virando o dedo na testa, naquele sinal de loucura:

– Ele está pirando, irmã.

Marcos pediu para falar com o chefe da segurança do hospital e implorou que interrompesse as visitas dos torturadores. O chefe de segurança ordenou a troca da guarda, e os dois oficiais da Oban foram substituídos por soldados da Polícia Militar. A partir desse momento, dois soldados e um cabo por turno ficaram do lado de fora de sua cela.

Capítulo 4
Incomunicável

Minha mãe e o pai de Marcos iam ao hospital quase todos os dias na tentativa de ver Marcos ou, pelo menos, obter mais informações sobre sua condição. Após tantas visitas e inúmeras mensagens enviadas, ficaram arrasados ao receber a seguinte nota da irmã Catarina: "No dia 8 de julho Marcos foi levado de volta para a Oban, apoiado em um cabo de vassoura, pois arrastava uma perna semiparalisada".

Minha mãe e o pai de Marcos questionaram por que ele estava sendo devolvido à Oban, mas a única resposta que receberam foi que Marcos estava bem e que estava voltando apenas para fazer uma declaração e encontrar-se frente a frente com Marlene, a mulher com quem fora preso. Uma semana depois, ele retornou ao hospital. Não deram nenhuma explicação a minha mãe, exceto que ele tivera uma "pequena recaída", devido ao esforço de escrever e ao trauma emocional de ver Marlene. Segundo a versão deles, Marcos tinha "se apaixonado por ela".

Em uma carta ao papa Paulo VI, Marcos explicou o que realmente aconteceu durante a semana em que foi devolvido à Oban:

De volta à Oban, trancaram-me em uma cela e me mandaram escrever uma confissão. A comida era pão e café pela manhã e um prato quente às 17 horas. Concluí meu testemunho no terceiro dia e fui questionado a seguir na presença da moça com quem fui preso. Eram 6 da tarde quando me levaram para a cela onde ela estava. Queriam que eu confessasse o nome da organização a que eles supunham que eu pertencia e dar o nome dos amigos. Começaram tirando a moça da sala e dando-lhe choques elétricos fortes para me obrigar a falar (estavam com medo de me torturar de novo, pois eu não estava com saúde ainda).

Ouvi-lhe os gritos e quando a trouxeram de novo vi que tremia dos pés à cabeça e estava fora de si. Fiquei assombrado com tal atrocidade e mais ainda quando ameaçaram fazer o mesmo com meus parentes, se eu não falasse nos termos que eles exigiam. Novamente deram choque na moça, mas, como não tiveram sucesso em me fazer falar o que eles queriam, resolveram mandar-me para um médico a fim de ver se estava em condições de ser torturado novamente. O médico me deu pílulas e mandou que suspendessem a alimentação. Levaram-me para a cela, mas pouco depois chamaram-me de novo [...].

É absolutamente estarrecedor o quanto mentiram para minha mãe ingênua, que acreditava que Marcos estava sendo protegido pelas autoridades com as quais ela falava, enquanto ele estava sendo torturado e maltratado mais uma vez.

Minha mãe escreveu uma carta ao hospital neste momento:

Do hospital mandaram-me de volta à Oban onde falei com um "major" que me atendeu muito bem e me mostrou o dossiê dele. Eles sabem de tudo que ele fez: trabalho de operário, trabalho de catequese, o curso que queria fazer de mecânica. Disse que Marcos tentou engolir

> um papel com letras e números em códigos. E é isto que querem saber dele que não diz o que é [era sua agenda, nada de código]. Na sexta-feira, o major deu-me um papel para escrever uma carta. Eu o fiz, ele leu e aprovou e mandou alguém lá falar com ele, e depois, pelo telefone, disse-me que ele já "abrira" mais um pouco.

Tudo mentira! Descobrimos mais tarde que Marcos nunca recebeu tal carta, nem mesmo sabia que sua avó tinha estado lá.

Na realidade, Marcos só recebeu uma carta que foi adulterada por seus sequestradores para incluir a seguinte informação: "Por enquanto é melhor não contratar um advogado; você só deve fazer isso se for a uma audiência. Aqui temos advogados especializados, e um já foi recomendado para nós. Dizem que é melhor não ter um advogado para não piorar as coisas".

Durante uma das visitas de minha mãe ao hospital após essa segunda experiência na Oban, ela pôde observar vários dos enfermeiros e médicos que estavam tratando Marcos. Eles pareciam muito ansiosos e inquietos, e minha mãe perguntou com tanta persistência por que isso estava acontecendo que eles finalmente admitiram que o estado de saúde de Marcos estava extremamente precário novamente. Muito depois, soubemos através do próprio Marcos que, nesse momento e por vários dias, ele havia sofrido um estado de amnésia, que durou muitos dias. De seu companheiro de cela, ele descobriu por acaso que havia sido tratado por um psiquiatra. Após vários exames, o psiquiatra escolheu a terapia eletroconvulsiva como tratamento. Marcos recebeu uma carga inicial, que o deixou inconsciente por várias horas. Alguns dias depois, ele recebeu uma segunda carga. Lentamente, ele recuperou a consciência, mas, após esse trauma, ele estava mais fraco físico e psicologicamente do que nunca.

Quando ouvi de minha mãe que o estado de saúde de Marcos estava "extremamente precário", peguei o primeiro avião para o Rio. De lá, fui para São Paulo, onde contratei um advogado que me instruiu sobre o que deveríamos fazer. Ele insistiu que era de extrema importância que víssemos Marcos. Era 2 de agosto de 1970, e Marcos não tinha sido autorizado a se comunicar com ninguém fora da prisão desde que fora preso em maio.

No dia seguinte, apavorada, mas decidida a brigar se fosse preciso, fui ao quartel-general com minha mãe, que já conhecia várias pessoas lá.

Fomos encaminhadas ao Gabinete de Relações Públicas, e disse ao oficial que encontramos que eu tinha vindo especificamente dos Estados Unidos para ver meu filho. Depois de consultar seus superiores, fomos informadas de que eu teria permissão para falar com o comandante do II Exército. Nossa visita foi da seguinte forma: minha mãe não foi autorizada a entrar, ele me recebeu de pé e eu estava cercada por outros oficiais do exército.

Comecei a falar:

– Sou do Departamento de Estado dos EUA. Vim aqui ver meu filho, pois soube que ele está morrendo.

Isso assustou o general, que perguntou em resposta:

– Ele está morrendo? Ele está morrendo?

– Não – disse um dos oficiais –, já melhorou.

O general animou-se e disse:

– Seu filho está histérico. Não pode ver um policial que entra em convulsões.

Ergui-me com grande pose e disse:

– O senhor também não estaria se lhe tivessem feito o que fizeram com ele?

O general não respondeu. Por fim, ele disse:

– Bem, amanhã a senhora poderá vê-lo, ao meio-dia.

A conversa acabou.

Eu voltei para o Gabinete de Relações Públicas, onde minha mãe estava me esperando. Eu devia estar furiosa porque, no meu caminho de volta, o oficial de relações públicas me disse:

– Se a senhora quiser desabafar, pode fazer para mim. Pode chorar, xingar, o que quiser e ficará entre nós. Nunca na frente do general.

Eu respondi:

– O que tenho a dizer, direi para o senhor, para o general e até para o presidente, se tiver a chance. Não tenho medo.

Ele não respondeu, mas fez a seguinte recomendação com um meio sorriso:

– A senhora não almoce muito, nem deixe a sua mãe comer demais, porque vocês vão vê-lo "diferente".

Saí dali tinindo de raiva.

Capítulo 5
Nossa primeira visita

No dia seguinte, ao meio-dia, lá estávamos. Chegara a hora da verdade. Finalmente iríamos ver o Marcos após 87 dias de prisão. O que não sabíamos naquele momento era que o período da nossa maior angústia estava prestes a começar.

Técio Lins e Silva, o advogado que eu tinha contratado, insistiu para que eu levasse uma pequena câmera, pois uma fotografia do Marcos seria uma evidência valiosa, capaz de mostrar ao mundo o que tinham feito a ele.

No entanto, minha inexperiência nessa situação me aterrorizou. Não tinha medo de ser machucada ou presa, tinha medo de que o Marcos desaparecesse ou que me proibissem de vê-lo novamente, o que seria um golpe emocional para ele. Por isso, não levei a máquina.

Fomos escoltados por um soldado jovem, visivelmente embriagado, que mais tarde confessou odiar o exército. Ele ficou chocado quando, após a visita, contei a ele o que fizeram ao Marcos. Disse que não sabia da tortura e pensava que o Marcos era apenas um soldado doente. Prometeu fazer o que pudesse para ajudar, mas nunca mais o vi. E, pior, eu poderia ter fotografado o Marcos, pois o soldado nem sequer ficou na cela conosco.

Minha mãe entrou primeiro. O Marcos não sabia que eu tinha retornado ao Brasil, e eu não queria surpreendê-lo com minha presença repentina. Pedi à minha mãe que não reagisse chorando à aparência do Marcos, mesmo que isso a afligisse. Tínhamos que mostrar apenas força e amor. Ela entrou corajosamente e, depois de dez minutos, disse ao Marcos que tinha uma surpresa. Quando entrei, a emoção que todos sentimos foi indescritível. Choramos, rimos e nos abraçamos até conseguirmos nos acalmar o suficiente para conversar. A alegria e o horror que nos envolveram não podiam ser expressos sem lágrimas.

Eu sorri e disse:

– Você está vivo, você está vivo, e é isso que importa.

Ele tremia sem parar.

Marcos estava fisicamente diferente. Depois descrevi sua condição em uma carta ao ministro da Justiça do governo Médici, Alfredo Buzaid:

> Senhor Ministro, meu filho está inválido!
>
> A perna esquerda paralisada, sem ação. A pálpebra direita fechada e a esquerda entreaberta. Sofre movimentos convulsos do tórax, engole com certa dificuldade e pronuncia todos os erres dobrados, como um francês.

Preocupada com a possibilidade de o Marcos ter sofrido danos cerebrais, perguntei a ele em inglês:

– Você ainda fala inglês?

Ele respondeu:

– Yes, I do.

Depois de verificar que sua conversa estava normal e racional, fiz a pergunta que temia:

– Eles te castraram, meu filho?

Eu tinha ouvido falar de casos em que jovens sofreram isso como resultado de espancamentos excessivos ou tortura por eletrochoque.

– Não – ele disse –, isso não.

Então, ele nos contou brevemente tudo o que aconteceu com ele. Ele se queixou especialmente de dores de cabeça intensas e tonteiras, e nos disse que um dos vigias da Oban que estava de plantão entrou em sua cela e o espancou severamente.

Cada vez que mencionava a tortura, seu corpo tremia involuntariamente, sua face se contorcia.

Nosso tempo acabou e saímos de sua cela. Estávamos arrasadas, indignadas com as condições em que encontramos o Marcos e aterrorizadas com o futuro.

Fui para a casa do meu primo e imediatamente comecei a escrever uma longa carta para Alfredo Buzaid, com o coração partido e a revolta atravessada na garganta.

Tínhamos permissão para visitar o Marcos por apenas cinco dias. Cada irmã e irmão, pai e avó, o visitaram todos os dias, sempre em grupos de dois. Depois de visitar o Marcos três vezes, voltei ao Rio para encontrar nosso corajoso advogado, Técio Lins e Silva, a quem sou eternamente grata.

Técio era destemido. Ele foi um dos poucos advogados dispostos a assumir um caso como o do Marcos. Nunca nos cobrou um centavo e nos aconselhou sabiamente até conseguirmos deixar o Brasil em segurança.

Fizemos de tudo para conseguir a libertação do Marcos, mas as rodas da "justiça" eram lentas, se é que se moviam. Fui aos gabinetes do ministro da Justiça e do ministro do Exército e lhes entreguei um relatório detalhado de tudo o que aconteceu com o Marcos, enfatizando que nenhuma acusação havia sido feita contra ele. Supliquei que o soltassem alegando que era impossível para ele se defender. Nada foi feito.

Finalmente, consegui entrar em contato com Manoel Ferreira Filho, o secretário do ministro da Justiça Buzaid e alguém que eu já conhecia bem, pois ele tinha feito parte de um grupo de juízes e advogados que eu acompanhei como intérprete durante um mês nos Estados Unidos. Liguei para ele em Brasília e disse:

– Preciso vê-lo. É uma questão de vida ou morte.

Ele perguntou logo:

– É sobre o seu filho?

Já estava claro que ele sabia o que estava acontecendo.

Marcamos um horário e ele veio ao Rio. Nos encontramos em uma sala fechada. Havia uma luz vermelha do lado de fora indicando que não queríamos ser perturbados. Ele me perguntou:

– O que você espera de mim?

– Quero que você transfira meu filho de São Paulo para o Rio e que me garanta que nunca mais vão colocar a mão nele.

Ele deu um murro na mesa e disse:

– Sou contra essa prática de tortura, mas não posso fazer nada.

Eu pulei da cadeira e disse:

– Ah, isso não! Você poderia denunciar e se afastar desse governo tão cruel.

Houve um silêncio constrangedor. Acrescentei:

– Mas, não vim aqui para julgá-lo, e sim para pedir ajuda.

Expliquei as dificuldades de irmos até São Paulo, a idade avançada de minha mãe, os esforços e o cansaço, além do fato de eu estar prestes a voltar para os Estados Unidos. Argumentei que o Marcos precisava ser tratado em casa, junto à família, para superar o estado de convulsões e o pavor que o assombrava.

Anos depois, enquanto trabalhava em Moçambique com o professor Paulo Freire e sua equipe de educadores, Marcos criou este poema no silêncio de um quarto de hotel:

O poder da vida

A avó, depois
A mãe
Assomam ao portal que conduz à minha cela
No hospital.
  É a potência
  Da corrente não interrompida
  Da vida
  Numa espiral sem fim
  Desde a primeira célula
  Até mim.
É a força
Da ligação visceral
Palpitante
Ali diante.
  A humanidade,
  Uma planta a mais que verdeja
  No seio da Natureza.
A proteção do ventre
Materno
Hoje tem valor

Eterno.
    O velho se transmuta num grande
    Feto
    E tudo começa outra vez.
O pai também veio.
    É
    O outro fio.
    O afeto
Sem palavras, sem confinamentos
Simplesmente
Afeto
Ali em pé.
    O sorriso
    De sempre, de sempre.
De repente
O mundo volta a ser
Familiar:
De fato,
Afeto não é ficção.
Nem é uma abstração!
    Prisão
    Em vão:
    Imóvel no leito, sou capaz
    De voar.
Diante do palpitar materno
Acima de todos os horrores
A impotência dos carrascos cresce.
    Diante do sorriso sereno,
    Inacessível a todas as dores,
    Um laivo apenas

– ainda não é hora –
Mas sinal,
Um laivo
De vitória.
Afinal, quem sou?
Uma planta a mais
Que verdeja...
Se a hora chegou
De voltar pra terra
Ou pro mar
E alimentar
De novo a Natureza,
Se o momento soou
De criar o último verso
E depois virar
Incremento da entalpia do Universo,
(ou que nome dar ao morrer?
Em si, nada de eterno:
o eterno fluir;
o eterno mudar,
o eterno morrer e reviver)
Então,
O velho se transubstancia num grande
Feto
E tudo recomeça.
Mas não.
A impotência secular de todos os carrascos
Transforma-se em,
Pequena,
Mas, derrota

Ali mesmo
Naquele palpitar materno,
Naquele sorriso sereno,
Vetores
De energia universal.
No meu rosto aflora uma careta
De alegria.

Maputo, 26 de abril de 1978.

Capítulo 6
Ainda preso

Voltei a Washington para trabalhar e ter o suficiente para pagar as despesas daqui e de lá de telefonemas e viagens que fazíamos. Durante esse período, continuei recebendo cartas e notícias de minha família. Marcos continuou detido pelos militares em São Paulo e, como não recebi resposta de Manoel Ferreira Filho, resolvi escrever-lhe uma longa carta, que mandei minha filha entregar pessoalmente.

Aqui estão alguns trechos dessa carta, datada de 15 de agosto de 1970:

> A situação de Marcos está num impasse: não pode ficar bom enquanto não sair de lá.
>
> Não pode sair de lá, enquanto for processado. Não pode ser processado, enquanto não ficar bom. [...]
>
> Ele piorou muito quando levaram seu companheiro de cela para nova tortura. Um argentino [Hugo Miguel Moreno] estava ali sem que ninguém no mundo soubesse, pois passava no Brasil em trânsito. Urinava sangue, tinha as pernas paralisadas e os pés cortados de ficar de pé sobre latas abertas.

Marcos chorou muito com pena dele quando foi levado para a Oban novamente, sem quase poder andar. Tememos pela vida de Hugo. As convulsões de Marcos pioraram.

Soube que, do momento em que voltei aos Estados Unidos em diante, as visitas foram proibidas, pois Marcos continua incomunicável, segundo o quartel-general do II Exército. Você sabe muito bem que a lei determina no máximo dez dias de incomunicabilidade, mas lá se vão três meses. [...]

Só nos resta aguardar a resposta da Justiça, que, segundo o chavão, parece-me mais cega a cada dia que passa. [...]

Pedimos representação e exame médico legal, para ver se o colocamos num hospital de nossa confiança, com gente da família perto, essencial para que se recupere, na opinião dos médicos militares. Eles dizem que levará dois anos ou mais para ficar normal, se é que vai ficar.

Confesso, no entanto, que foi uma decepção descobrir quão pouco manda o seu ministro, o ministro da Guerra e outros medalhões que procurei. Depois da minha romaria, cheguei à conclusão de que nosso querido país está nas mãos de um grupo muito pequeno, que manda mais que o próprio presidente, grupo esse que controla a Oban e outros lugares, e organizações horrorosas e ilegais.

Toda essa conversa de investigar torturas é pura engabelação para os crédulos e, embora vocês discordem dos métodos, nada fazem ou podem fazer para evitá-los.

Marcos é um corpo delito excelente para tal investigação e por suas palavras fiquei ciente de que o máximo que pode conseguir é que não seja torturado de novo. Por que não estudam o caso dele? Por que não vai visitá-lo e ver os danos causados?

Caro amigo, perdi a fé na justiça daí. Vou aguardar até meu advogado avisar o resultado do pedido de *habeas corpus* com representação etc. Se tudo for negado, ainda há outros recursos e lançarei mão deles.

Três dias depois, mandei-lhe o seguinte telegrama:

18 de agosto de 1970.

Maneco, Great disappointment. Marcos worse again. Visits forbidden. General Headquarters never heard from you. Letter follows. Please take quick action. Lina.[1]

Procurei várias organizações internacionais, a principal delas sendo a Anistia Internacional, com sede em Londres. Tentei entrar em contato com conhecidos dentro do movimento sindical dos EUA e escrevi cartas à Organização dos Estados Americanos, às Nações Unidas e à Comissão Internacional de Juristas na Suíça.

Tudo isso agora parece tão surreal, como se fosse saído de um romance de Kafka, mas é a mais pura verdade. Basta ver como os torturadores ficaram preocupados quando descobriram que Marcos não era operário, mas vinha de uma família com muitas conexões e amigos e tinha uma mãe trabalhando nos Estados Unidos para a Usaid, uma divisão do Departamento de Estado.

Não deve ter havido uma comunicação muito boa entre eles, e o grupo que estava por cima, muitas vezes, como digo na carta, não controlava o que faziam os de baixo. Isso mais tarde se tornará óbvio, mas apenas como um exemplo: em São Paulo, durante uma de nossas três visitas ao Marcos, o diretor do hospital falou com minha mãe e comigo em particular: "Digam a ele para falar. Digam, insistam para ver se 'eles' param de vir aqui e machucá-lo...".

Enquanto eu ainda estava em São Paulo, minha mãe e eu fomos novamente solicitadas a nos submeter voluntariamente

1 "Maneco, Grande decepção. Marcos piorou de novo. Visitas proibidas. O quartel-general nunca ouviu falar de você. Carta segue. Por favor, tome medidas rápidas. Lina."

a um exame clínico de epilepsia para confirmar que as convulsões que Marcos estava sofrendo eram "causadas por um defeito hereditário e não por causa das torturas". O pai de Marcos foi solicitado a fazer o mesmo no Rio.

Então, entrei no próprio hospital onde Marcos estava sendo mantido para me submeter ao procedimento.

Minha mãe e eu fomos levadas a uma sala pequena onde encontramos um enfermeiro que administrou o exame elétrico. Quando ele terminou, ele examinou de perto os resultados e disse:

– É, a senhora também é epiléptica, e vai começar a ter um ataque dentro de quinze minutos.

Fiquei perplexa por um segundo, mas rapidamente "acordei" e disse:

– Mamãe, vamos embora porque isto aqui é um circo e eu não sou palhaça.

O homem não disse nada, e fomos embora.

Como mencionei anteriormente, descobrimos que Marcos sofreu um profundo episódio de amnésia depois de passar a segunda semana na Oban. Eles haviam chamado um psiquiatra, e Marcos foi tratado com eletrochoques.

Tentamos contestar o diagnóstico deles reunindo declarações dos amigos do Marcos, bem como dos padres que haviam sido seus professores no ensino médio. Todos eles disseram que Marcos sempre frequentou as aulas em perfeita saúde e que nunca havia tido uma só convulsão. Esses testemunhos foram ignorados pelos militares, e os terrores continuaram.

Após meu retorno aos Estados Unidos, minha mãe me escreveu uma série de cartas, citadas abaixo, atualizando-me sobre o que ela conseguiu descobrir sobre a condição de Marcos:

Rio, 17 de agosto de 1970.

Conforme combinado, Mildo [meu ex-marido] e Mônica ficaram em São Paulo até sexta-feira à noite e conseguiram ver Marcos quinta e sexta, após muitas súplicas. Ele estava relativamente bem, mas tem tido pequenas crises convulsivas todos os dias.

Puseram outro rapaz no quarto com o Marcos e foi um agente lá interrogá-lo, deixando Marcos muito nervoso. O rapaz foi transferido, e o Marcos está sozinho novamente. Falamos com a irmã enfermeira todos os dias.

As cartas continuavam a chegar e eu rezava, chorava, não dormia, trabalhava não sei como, na esperança de melhores notícias.

Carta da minha mãe para Marcos

Rio, 18 de agosto de 1970.

Meu querido Marquito,

Já estive aí pela manhã para vê-lo, mas não foi possível. Estou de novo tentando conseguir essa licença. Espero que você esteja melhorando e que as crises estejam desaparecendo.

Carta da minha mãe para mim

Rio, 2 de setembro de 1970.

Tenho procurado escrever dia sim, dia não, para que esteja a par de tudo. O diretor do hospital disse que Marcos está melhorando sempre, mas que amanhã daria a palavra ao neurologista que está tratando dele.

Elza [minha irmã e a tia do Marcos] subiu ao Palácio Laranjeiras para falar com o coronel Medeiros diretamente [Octávio Medeiros,

> secretário de Médici, concunhado de Elza]. Ele explicou tudo o que havia contra Marcos, embora "não estivesse numa linha violenta de assaltos, bombas etc., o que ele fazia também é considerado subversão". Mas o caso não é grave, que continuava a olhar por ele e que esperássemos uma solução mais rápida do que pensávamos.

Quando recebi essa notícia, não pude deixar de me perguntar, quem é que manda naquele país? Se todas essas providências supostamente estão sendo tomadas pelo secretário do presidente, por que não o tiram de lá para um hospital particular para ser julgado em liberdade?

A carta continuava:

> Quanto à parte do Supremo Tribunal Militar, ainda não chegou o processo lá e é também um dos motivos por que não podemos vê-lo.

Na verdade, tal processo nunca existiu. Seu nome só foi incluído num processo três meses após sua libertação e um ano após sua prisão. Enquanto tudo isso acontecia, eu estava sofrendo de longe, nos Estados Unidos, preocupada com Marcos, assim como com meus outros filhos, que viviam sob a ameaça de também serem "interrogados".

Continuei trabalhando, no entanto, porque precisávamos de todo o dinheiro que pudéssemos conseguir para pagar as contas de telefone (que eram mais de 200 dólares por mês!) e para as passagens aéreas para São Paulo. Enviamos constantemente cartas e bilhetes para encorajá-lo, mas não conseguíamos esconder nosso medo interminável de que Marcos tivesse o mesmo destino que tantos outros casos de desaparecidos e mortos. Embora fosse um alívio ao menos saber onde Marcos estava, o terror continuava, e com boa razão, porque ele foi levado de volta à Oban uma vez e ao DOI-Codi, no Rio, outra vez.

Na minha solidão e dor, chorando e rezando, escrevi-lhe a seguinte carta:

> Ah, meu filho!
>
> Como tudo me leva ao passado. *I made a wish, and you came true.*[2] A alegria do primeiro filho! A sensação de que se é mãe e se tem aquele serzinho palpitando e vivendo porque a gente vive.
>
> Eu era tão jovem e me senti profundamente emocionada quando o médico confirmou minha gravidez.
>
> Vim para casa e ria sozinha o tempo todo. Meu Deus, vou ter um filho! Que coisa bonita! Ah, Marcos, como é difícil pôr em palavras todos esses momentos, todas as horas de amor, dedicação e desvelo que uma mãe vive para cada filho e o amor vai crescendo e se avolumando até não caber mais. Nunca passa! Nunca muda!
>
> Filho não cresce! É o bebê que se amamentou e trocou fralda.
>
> Filho é a gente na esperança de ver realizado tudo o que nos impediram de fazer.
>
> Filho é pedaço da alma e do coração de mãe que anda solto no mundo, levando consigo alegrias, orgulhos, esperanças, e uma dose infinita de preocupação e doçura.
>
> Para você, meu filho amado, eu dedico hoje o resto do coração que nunca tem fim e mais carinho, mais bondade, mais paciência, mais ternura.
>
> Sua esperançosa mamãe.

Foram essas correspondências, minhas e de toda a família, que não deixaram Marcos morrer na solidão da injustiça de estar preso e no terror de ser novamente torturado.

---

2 [Eu fiz um desejo, e você se tornou realidade.]

Carta da minha mãe para mim

Rio, 12 de agosto de 1970.

Há três dias aqui em São Paulo que luto para tornar a ver o médico dr. Aquino que me disse ontem, quando estive no hospital, que Marcos tinha tido uma melhora psíquica muito boa, embora a parte neurológica estivesse indo devagar. Pediu que fosse ao quartel-general pedir uma licença, em nome dele, como médico, para ver Marcos.

Toquei-me para lá e depois de muito esperar disseram-me que são os médicos que têm que fazer um pedido oficial neste sentido. Lá se foi a tarde e nada consegui.

Elza falou com o Medeiros, que falou com o general Albuquerque, que eu iria vê-lo. Esperei um tempão, pois ele estava em reunião. Afinal, ele me recebeu muito bem. Eu expliquei tudo a ele sobre as melhoras de Marcos. Ele me mandou ao general Coutinho e este determinou que eu fosse levada ao general Canavarro, que é o chefão do II Exército. Eu já havia escrito uma carta para ele, pedindo permissão para ver Marcos a conselho dos médicos, uma carta longa, bonita, apelando para seu sentimento de avô e de justiça. Fui recebida numa sala, por um amável coronel que levou a carta ao general. Ele é um mito, não aparece para ninguém.

Após um tempão, o coronel voltou dizendo não poder me dar a licença para visitas, pois já tinha aberto uma exceção quando você estava aqui, mas que Marcos iria ser transferido para o Hospital do Exército no Rio, assim que melhorasse e o processo correria por lá.

Não sei quem conseguiu isto, mas ouvi o tal coronel ao telefone mencionar o nome do general Adalberto Pereira dos Santos, que é o ministro do Supremo Tribunal Militar no Rio. Saí desolada por não conseguir a licença de vê-lo, mas, como era cedo, fui ao hospital entregar coisas para Marcos. Não tinha ninguém. Os diretores saíram, então aquele porteiro nortista que já me conhecia muito foi me levando para dentro, à procura do oficial do dia, tenente Amado. Não sei se viu minha cara tão triste que se prontificou a me levar até Marcos por cinco minutos.

Ele dormia tranquilo, com boa cor. Quando o chamei ficou radiante, pois estava desanimado por eu não ter aparecido. Expliquei tudo rapidamente e dei-lhe a notícia de que ele iria para o Rio, para que se animasse, o que o deixou muito feliz.

Ainda está tremendo, os olhos na mesma. As crises de convulsão, melhorando. Enquanto não sair daqui, ficará sempre sob essa tensão e insegurança.

Eu fico para morrer, pois parece que ele é o pior dos criminosos. Já lá se vão quase quatro meses de isolamento, ele doente e ainda acham que fizeram muito permitindo que a família o visse por cinco dias.

Carta de Miguel para Marcos, sem data

Você nem imagina nossa felicidade ao sabermos que você vem para o Rio. Vibramos e agora nos sentimos mais perto de você. Fique tranquilo, meu irmão, e vem logo. Sempre estarei aqui na portaria trazendo coisas para você até poder vê-lo.

Capítulo 7
Transferido para o Rio

Carta da minha mãe

Rio, 24 de agosto de 1970.

Já estou aqui no Rio, pois Marcos foi transferido para cá. Foi por pedido do próprio Medeiros, recomendado a altas personalidades do Ministério da Guerra.

Foi o próprio assistente do general Canavarro que me disse que o Marcos viria para cá, quando eu ainda estava em São Paulo.

No dia seguinte, fui ao hospital com Martinha, e o tenente Constantino deu-nos a notícia de que tinha chegado um telex pedindo a ida de Marcos para o Rio. O pessoal do hospital estava tonto e ele pediu-nos para fingir não saber de nada perante os diretores. Ainda nos levou para ver Marcos por vinte minutos.

Sexta-feira passada tentei vê-lo (ainda em São Paulo), antes que fosse para o Rio, mas não pude porque estavam instalando umas máquinas. Chegando em casa, lá para as 11 horas, o tenente telefonou que estavam arrumando o Marcos para seguir para o Rio, para o Hospital do Exército. A irmã estava fazendo a mala, ele já pronto, iria de ambulância acompanhado de ótimos enfermeiros muito amigos.

À tarde voltei lá, comprei caixas de bombons para oferecer aos diretores, agradecer-lhes e me despedir.

Os dois diretores estavam juntos. Eles me receberam muito bem, e eu, como recomendara o tenente, perguntei pelo Marcos. Ambos, com a maior cara de pau, disseram que estava melhorando e nem uma palavra sobre a ida dele para o Rio.

Contei que tinha estado no quartel-general, com o coronel Agostini, e que ele me avisara que a qualquer hora Marcos deveria ir para o Rio. Fingiram-se admirados com a notícia e ficaram firmes.

Eu fiquei com tanta raiva que me despedi e não dei bombom para ninguém.

Avisei logo para o pessoal do Rio. Já foram ao hospital de lá não sei quantas vezes e ele não estava. Major Sadi telefonou-me ontem, antes de eu embarcar para o Rio, confirmando que o Marcos foi levado para o Hospital Central do Exército com duas pessoas da mais absoluta confiança e que o pedido partiu daqui do Rio. Ele está lá, mas não querem dizer, talvez porque o processo ainda não chegou.

Hoje vou lá com a recomendação de um coronel do Serviço Nacional de Informação, que trabalha com Maria Helena Vidal. Vou também com Elza ao quartel-general falar com outro coronel recomendado pelo Medeiros.

Quanto ao Maneco, o Sadi [secretário do Buzaid] disse que até sexta não havia chegado a São Paulo nenhuma recomendação dele sobre o Marcos.

Carta da minha mãe

Rio, 25 de agosto de 1970.

Ontem, Elza e eu recomeçamos a peregrinação. Primeiro nos dirigimos ao ministro da Guerra, onde não conseguimos nada. Todos estão em Brasília para a data de Caxias. De lá fomos para o hospital. Como sempre, a má vontade deles é evidente.

Ficamos na portaria e chamei o coronel amigo de Maria Helena, quem me ensinara a perguntar: "Já foi dada baixa no fulano de tal?". Olharam nos livros e não constava nada... Então, falei com o de Serviço que nos mandou para a Polícia do Exército, na Barão de Mesquita. Eles foram delicados e educados. Enquanto explicava ao guarda o que queria, veio um rapaz à paisana e disse: "A senhora quer saber é de um rapaz 'epiléptico' que veio de São Paulo para fazer um tratamento especializado?"

Confirmei e ele foi verificar. Voltou dizendo que Marcos estava no hospital, mas INCOMUNICÁVEL. Tinha passado lá na polícia, mas o caso era com a Polícia do Exército.

Agora leiam a descrição feita por Marcos do que realmente aconteceu ao chegar ao Rio:

O que aconteceu quando fui trazido pro Rio? Acho que foi em agosto de 1970.

Vim numa ambulância, trancada a sete chaves, sozinho, na parte de trás. Os algozes armados na frente. Só saí de lá já no pátio interno da Polícia do Exército, da Rua Barão de Mesquita. Me fizeram tirar toda a roupa, exceto as meias, para me revistar. Tive que andar com um capuz preto na cabeça todo o tempo que estive lá. Depois de algum tempo, talvez duas horas, me levaram para o Hospital Militar, em Triagem.

O médico a me receber era o Doutor Boia, nome apropriado para um corpo avantajado. Estava também o capitão responsável pela segurança do Hospital Militar. Me lembro do pátio agradável, com árvores e sombra fresca, e da entrada do pavilhão onde fui conduzido. Fizeram-me trocar a roupa por um pijama e me trancaram num quarto com barras na janela.

Fiquei deitado naquela cama durante umas três semanas, completamente só. O servente que vinha trazer comida não trocava duas palavras comigo.

O médico era comparsa dos torturadores. Era ele quem supervisionava a condição dos presos políticos para dar-lhes alta quando achava que já podiam voltar para a tortura. Os enfermeiros, nestas primeiras semanas, tampouco se comunicavam. Minha lembrança é de solidão quase completa, inclusive por falta total de contato com a família. De novo, na incomunicabilidade, logo agora que eu pensava que minha condição ia melhorar, posto que me haviam distanciado dos torturadores da Oban e me aproximado da família!

Só mais tarde é que fui transferido para uma grande enfermaria-prisão, com muitos leitos e um ou outro preso político temporário. E presos comuns, como o rapaz com o fêmur quebrado, pois foi apanhado roubando um carro e quase trucidado pela polícia civil. Antes mesmo de querer saber se ele era "criminoso comum ou político", a repressão militar quase o matou.

E mamãe continua:

Já botamos meio mundo para se interessar. Pedimos que o Capelão de lá fosse dar comunhão para ele. O *habeas corpus* do Supremo Tribunal parece que vai ser julgado amanhã. Agora temos que conseguir mandar frutas, doces etc., como fazíamos em São Paulo.

O médico do Serviço de Neurologia e Psiquiatria é muito amigo de Nair, irmã de Lia [prima], que diz ser um homem boníssimo.

As coisas estão começando a se ajeitar. Só a certeza de que não voltará para a Oban já deve ter sido um grande alívio para ele.

Carta da minha mãe para a minha filha Tiana

Rio, 27 de agosto de 1970.

Acabo de chegar do Hospital do Exército para onde Marcos foi transferido.

Ontem, Elza conseguiu conversar com o capitão do Serviço de Segurança, por telefone, que foi muito delicado, confirmou a presença de Marcos, que já foi visto pelo médico. Disse que na enfermaria de presos há sempre um médico e dois enfermeiros de plantão. Que ele agora precisa de exercícios, movimentar a perna para que não atrofie. Permitiu que levassem as coisas para ele e nossos bilhetes.

Quanto às visitas, não é com ele, embora ache que só podem fazer bem. Deu-me o nome de um major no Ministério da Guerra com um cartão para levar à Polícia do Exército a fim de que permitam visitas duas vezes por mês, às quintas-feiras.

Eu estou mal, sem ânimo para nada, fiquei em casa chorando e rezando enquanto Elza foi tratar disso. Ela tem sido incansável e é disposta e desembaraçada, ao passo que eu sou tímida e tudo me custa um esforço tremendo. Trabalho como formiga, furando de mansinho as barreiras. Seus irmãos discordam e querem agressão e eu já estaria na cadeia se os ouvisse.

Carta da minha mãe para mim

Rio, 29 de agosto de 1970.

Só não conseguimos ainda ver o Marcos porque não chegaram de São Paulo todos os papéis. Parece que só dia oito poderemos ir lá, segundo o major-chefe do Codi que deu licença para isso, duas pessoas de cada vez.

Não há incriminações graves contra ele, que está ultraprotegido por recomendações de São Paulo e aqui do Medeiros.

Elza tem sido incansável. Já pude escrever para Marcos dizendo que continuo meu trabalho de ajuda e que confie em mim. Espero que quando você voltar, em outubro, as coisas já estejam claras e que tudo tenha terminado.

Martinha hoje foi levar sua carta ao Maneco. Disse que ele ficou muito sem graça e declarou que lhe informaram que não deixavam a família vê-lo porque estava muito mal, tendo ataques seguidos. Tudo mentira, porque o vi em São Paulo, na véspera de vir, como já escrevi, estava com boa cor e calmo.

Para mim, isto confirma as suspeitas de que o Maneco não foi quem conseguiu trazer Marcos para o Rio, pois nem sabia do estado das coisas.

Carta da minha mãe para mim

Rio, 31 de agosto de 1970.

Marcos está melhor de saúde aqui no Rio. Elza com sua dedicação foi ao Palácio das Laranjeiras falar com o Medeiros. Esperou muito, pois havia muito movimento com a chegada do Médici. Ela foi sem falar comigo, para que não me afligisse.

O Medeiros disse que desde o primeiro pedido começou a se interessar por ele, ligando para São Paulo, recomendando o máximo cuidado etc.

Procurou informar-se de todos os detalhes do caso policial. Ele está indiciado como da Ação Popular justamente porque fez o trabalho de conscientização, considerado menos grave, mas também perigoso por "subverter as massas aos poucos". Disse que fez tudo ao seu alcance para melhorar a situação de Marcos, dizendo que era de ótima família, ótima formação e traumatizado por vários fatores familiares, inclusive a separação no casamento. [...]

Foi Medeiros quem conseguiu a transferência de Marcos para cá, pois o hospital aqui tem todos os tratamentos especializados, e chegou a passar um dia inteiro em São Paulo, quando Marcos ainda estava lá, para ver detalhes e recomendá-lo.

Carta do Miguel para mim

Rio, 31 de agosto de 1970.

Depois que você foi embora, os primeiros dias foram realmente decepcionantes. Parecia o começo de tudo de novo. Cortaram as notícias e começaram com aquela embromação de "ele está bem" etc.

Passamos quatro dias indo ao hospital daqui do Rio e NADA! Ficamos apavorados de que algo tivesse acontecido. No quinto dia, então, soubemos que realmente havia chegado no primeiro dia e por motivos burocráticos ainda não estava oficializada a chegada. Visitas? PROIBIDAS!

Quanto à Justiça, soubemos que o *habeas corpus* está para ser julgado e já se falou com vários daqueles juízes. Também soubemos que está provado, na verdade, que ele não tem culpa nenhuma e está sendo considerado pelos milicos como vítima inocente de outros (ou inocente útil).

Carta de minha mãe para mim

Rio, 5 de setembro de 1970.

Marcos está melhorando sempre, segundo o capitão que nos atende, uma criatura formidável de compreensivo e bom, só falta me beijar e chamar de vovó.

Dá as notícias de Marcos bem minuciosas. Posso escrever, mandar gulodices e até jogos. Na próxima semana iremos vê-lo e então poderei dizer que melhoras são essas realmente. Estou cansada. Sempre fiz tudo o que pude por vocês, dei o máximo de mim agora, e foi o grande amor que tenho por vocês que me levou a agir assim, não é virtude. Esperava, a todo momento, quando Marcos sofreu este golpe, morrer de dor, sabendo o quanto sofreu, mas não podia me acovardar, só poderia agir. Todo mundo trabalhando e uma velha de cabeça branca, uma avó chorando por um neto sempre tem seu efeito.

Passei muitas noites em prantos, lá em São Paulo, sofri horrores sozinha na minha dor. [...]

Agora foi outra recomendação do general Muricy para o general Siseno Sarmento, que é o comandante em chefe do I Exército.

Tenho fé de que tudo se resolverá bem mais depressa do que esperamos e então cuidaremos dele e ele ficará bom.

Carta da minha mãe para Marcos, escrita após a primeira visita deles desde que Marcos esteve no Rio. Ele chegou ao Rio em 26 de agosto de 1970.

Rio, 12 de setembro de 1970.

Marcos querido, nossa visita a você foi aquela alegria, aquele raio de luz na nossa vida, apenas sombreado por não vermos você ainda em perfeito estado de saúde.

Só mesmo minha fé em Jesus e Maria conseguem me fazer vencer este terrível transe porque estamos passando.

Espero que procure exercitar bem a sua perna, mesmo na cama, e que na próxima vez já possa me olhar com os olhos bem abertos. [...]

Carta do Miguel para Marcos

Rio, 13 de setembro de 1970.

Meu querido irmão,

Como ficamos felizes por podermos te visitar! Espero poder ir à próxima vez, vou com papai e Mônica, dia 24/09. Mamãe sempre telefona e manda milhões de beijos para todos. Ela volta em outubro, viu? Falta pouquinho!

Carta da Martinha para Marcos

Rio, 24 de setembro de 1970.

Queremos te ver de novo, Deus queira que seja logo. A perna continua melhorando com exercícios? Confie em nós, estamos sempre pensando em você. Vovó está muito abatida e anda baqueando a saúde. Estamos muito preocupados. Enquanto ela não vir você bem, acho que não vai melhorar. Está cada dia mais fraquinha, mas estamos cuidando bem dela, viu?

Carta do Miguel para Marcos

Rio, 24 de setembro de 1970.

Meu querido irmão,

Estamos ansiosos pela semana que vem, para podermos visitá-lo. É muito dura toda essa separação. Seus amigos sempre perguntam por você, todos querendo te ver, com saudades.

Todo domingo de manhã fico aqui, na portaria do hospital, bem perto de você. Lucinha [mulher do Miguel] também, papai, Mônica, todos unidos a você pelo espírito...

Carta da Martinha para mim

Rio, 24 de agosto de 1970.

[...] Hoje era dia de visita ao Marcos. Não deixaram. Não disseram por que e agora talvez só poderemos vê-lo na semana que vem. As coisas [apesar da chatice para se conseguir uma visita] estão melhorando lentamente.

Recebemos carta de Marcos. UUUpiii!! A letra está muito ruinzinha, mas é dele... Nada de visitas ainda.

O Técio [nosso advogado] disse que na próxima semana deverá ser julgada a Representação, (não é mais *habeas corpus*), e que daí pode vir qualquer resultado, até mesmo o melhor de todos. Vamos lá assistir o julgamento! Técio estará defendendo, viu? Obrigada pelos 300 dólares.

Carta do Marcos para sua avó, minha mãe

Rio, 7 de julho de 1970.

Estou melhorando de saúde. "A luz resplandeceu nas trevas e as trevas não o compreenderam." Estou reproduzindo em mim um pouquinho da vida de Cristo.

Talvez seja levado daqui em breve, continuem procurando me ver.

Vovó e papai, não tenho palavras para agradecer tudo o que vocês dois têm feito por mim. A irmã também tem sido um anjo. Chorei muito com a carta da mamãe que foi linda demais e mostrou toda a confiança que ela tem em mim. Queira Deus que tudo se esclareça e eu seja logo libertado.

Carta do Marcos para mim

Rio, 17 de setembro de 1970.

Mamãe querida, escrevo do hospital, mas agora aqui no Rio. O seu coração acertou sempre. Pouco depois de você escrever que "a garra que o aperta está afrouxando", voltei a receber visitas: vovó e Martinha. Pode imaginar minha alegria?

Tenho empenhado toda a minha força de vontade nos tratamentos. Coragem e paciência eu tenho tentado criar em mim. Mas desejaria mesmo ter você perto, com sua intuição de mãe, infalível para mim. As horas passam lentas, a recuperação é vagarosa – disseram – e as perspectivas ainda estão nubladas.

Uma certeza eu tenho: meu sofrimento não é em vão. Elisabeth Lesieur escreveu: "Quando uma alma se eleva, o mundo inteiro se eleva também". Rezo especialmente pela Paz no mundo.

Carta do Marcos para sua avó, minha mãe

Rio, 18 de setembro de 1970.

Como custa passar o tempo! Fico ansioso para que chegue logo o dia da visita. Quando vocês vêm, aquela meia hora eu nem vejo passar.

Que saudade tão grande aperta meu coração! Quem sabe vocês conseguem me ver mais frequentemente? Rezo constantemente para que reconheçam a minha inocência.

Carta do Marcos para a família

Rio, 21 de setembro de 1970.

Quinze dias passam tão devagar! Parece um século desde que vi vovó e Martinha. Meu querido Miguel, ontem você esteve tão perto, aqui, e não pudemos nos ver! Façam força para a gente se ver com mais frequência. Quando você me visitou, em São Paulo, eu fiquei abestalhado, sem conseguir dizer ou perguntar nada do que queria. Deus queira que de fato tudo corra bem, como você disse, e que em breve vocês me terão novamente com vocês.

Miguel querido, continue escrevendo suas cartas ternas e amigas que me trazem tanto ânimo e esperança. Todos os dias faço ginástica no ginásio. Os massagistas acham que estou melhorando, embora o conjunto de minha saúde requeira algum tempo para voltar ao normal.

Vovó querida, Tiana está certa ao dizer que você é a melhor avó do mundo. Fico sonhando em sair daqui logo e dar um pinguinho que seja de recompensa que você merece por tudo que tem sido para nós e especialmente para mim.

E mamãe, vovó querida? Gostaria de tê-la aqui de volta para poder vê-la, abraçá-la e ter força junto a mim.

Carta do Marcos para minha mãe

Rio, 27 de setembro de 1970.

Para mim, foi triste não receber vocês na quinta passada. Façam tudo para vir logo. A saudade é imensa, rezo para que as dificuldades sejam sanadas.

Carta da minha mãe para mim

Rio, 2 de outubro de 1970.

Depois do dia 10 de setembro, quando Martinha e eu vimos o Marcos, não nos deram mais licença para vê-lo. Depois de telefonar e chorar, fui lá na quinta-feira, como disseram ser permitido e o capitão Morais disse que a surpresa era "que o rapaz ia embora", mas decidiram que tem que esperar um pouco.

É o tratamento, massagens e exercícios físicos com a perna. O Marcos já está começando a andar na enfermaria, agarrando-se nas camas. Teve uma melhora psíquica muito boa, pois tem desejo de melhorar desde que soube que não vai voltar para São Paulo. Disse também que não sou só eu que estou lutando pelo Marcos, mas que tem muita gente "boa" fazendo o mesmo.

Soubemos depois que não o deixariam sair enquanto tivesse um só vestígio de tortura. Se davam por vencidos, portanto, não conseguindo fazer passar por verdade a mentira de que Marcos estava assim porque era epiléptico!

Carta do Marcos para Miguel

Rio, 10 de outubro de 1970.

São 10 horas da manhã de domingo e eu estou calado, concentrado, rezando para vocês conseguirem licença para me visitar. Longe ouço uns acordes de música clássica. Meu desejo de estar com vocês é enorme e sei o quanto sofrem com isso. Mas depois da tempestade vem a bonança... A questão é ter a paciência de Jó, a coragem de Davi e o amor de Jesus...

Tenho tocado flauta e gaita, sinto vocês tão próximos, o peito vira um vulcão prestes a explodir.

Meio-dia: acabo de receber as cartas de vocês. Sabe, eu já amava tanto vocês, mas a ausência e a impossibilidade de nos encontrarmos aumenta o amor infinitamente... Como vai ser bom eu aí de volta com vocês! Deus permita que não tarde! Vocês bem sabem o quanto tentei viver sempre segundo os ensinamentos de Jesus, que está comigo em todos os momentos.

Carta da minha mãe para Marcos

Rio, 14 de outubro de 1970.

Tudo neste mundo é transitório, só Deus é eterno. O teu sofrimento e a tua detenção também passarão e ainda nos reuniremos naquelas boas conversas familiares, principalmente quando tua mãe voltar, mais cedo ou mais tarde.

Carta de Clemildo para Marcos

Rio, 15 de outubro de 1970, dia do mestre.

Querido Marcos, Deus te abençoe.

Ontem o Superior Tribunal Militar [STM] votou a quebrar a incomunicabilidade com você! Qualquer dia nos avistaremos, que ótimo!

Hoje espero ter o prazer de conhecer pessoalmente o capitão Morais, esta figura tão humana e compreensiva que, de imediato e ao longo do conhecimento, conquistou nossa família inteira. Mil beijos e um abraço para você, querido filho. Tchau!

Carta do Marcos para seu pai

Rio, 16 de outubro de 1970.

Que excelente notícia seu bilhete me trouxe! Agora fico mais ansioso ainda para ver vocês. Quando, quando vai poder ser? Quando li seu bilhete dei um grito de alegria! E mostrei-o para todos aqui. Deus permita que isso se torne realidade! Tenho sido muito bem tratado aqui. Tenho uma saudade imensa de todos. Deus me dê ocasião de agradecer-lhes por tudo o que têm sido para mim.

Carta do Marcos para sua avó

Rio, 16 de outubro de 1970.

Sim, sim, em breve nos veremos, estou seguro. Anseio tanto para te ver de novo, vovó! Agora, o passo mais importante já foi conseguido no STM. Espero você a todo momento, com paciência, mas ardendo de ansiedade. E, quando mamãe voltar, então?! Aí é que vai ser a festa! Espero que você se sinta mais tranquila. Deus é grande! Você tem feito tanto por mim em todos os sentidos, que Ele tinha que intervir!

Carta minha para Marcos

Washington, D.C., 22 de outubro de 1970.

De volta a Washington, recebi duas cartas suas de uma vez. Foram um bálsamo, uma inspiração. Sua coragem, paciência e força de espírito fazem com que me orgulhe ainda mais de você e tenha coragem para lutar. Leio um pensamento na revista que diz: "Ninguém compreende que você já deu TUDO. Você tem que dar mais...". Acho que isso se aplica a nós dois, não?

Sinto não poder dizer a data certa em que volto, mas devo esperar meus papéis ficarem prontos. É muito importante para nós. Só Deus sabe o sacrifício que representa ficar aqui, sem poder pegar o avião JÁ e ir para aí. Mas... "*you must give more*" [você deve dar mais]...

Ontem, tive uma longa conversa com Bill Doherty e um amigo do John, Jessie, que farão tudo para facilitar-me a papelada. Tenho que esperar.

Mas suas cartas são minha alegria, a minha "*joy of life*"!

Como suas mãos melhoram! Já escreveu tão claro e legível! Foi muito difícil? Pode contar como é o tratamento? Gostaria tanto de saber tudo!

Prometo escrever sempre, sem parar. Reze para que meus negócios corram depressa e eu possa voltar antes do dia 15 de novembro, tá?

Sua inconsolável, mamãe.

Carta do Marcos para minha mãe

Rio, 25 de outubro de 1970.

Fiquem certos de que eu sinto em mim os efeitos de todo o amor que cada um de vocês tem demonstrado. E, especialmente, nas quintas e domingos, eu me concentro mais e procuro "mandar" o meu amor para vocês.

Carta do Marcos para minha mãe

Rio, 27 de outubro de 1970.

São 8 horas da noite. Estes têm sido dias difíceis para mim e tenho posto o coração no Senhor com maior ênfase e expectativa na solidão e silêncio em que estou.

Carta do Marcos para minha mãe

Rio, 28 de outubro de 1970.

Recebi as cartas. Então, vou ter um radinho? O material de pintura não veio. Mas estou ansioso para ver vocês, abraçar longamente cada um. Ah Deus, paciência! Na verdade, não compreendo o porquê dessa demora. Estou fazendo tudo para ficar bom depressa e muito me esforço com a perna, que ainda dói. Que dor essa distância! Quando mamãe vem? Venham, venham logo, please!

Capítulo 8
Solidão

Durante essa troca de cartas, conversei com minha família quase todos os dias por telefone. Para não enlouquecer, trabalhei quase sem parar. Joe DeFonzo, nosso contratante na Agência para o Desenvolvimento Internacional, era um grande amigo. Ele também tentou me designar para viagens com pequenos grupos para que eu pudesse receber uma diária e meia. Essas viagens foram muito difíceis para mim, pois não tive permissão para falar sobre minha situação com visitantes brasileiros. Tive que sorrir e ser bem-humorada, enquanto meu coração partido gritava de dor e de revolta.

Escrevi cartas para todas as agências recomendadas que poderiam ajudar. Ainda me lembro claramente das respostas que recebi da Organização dos Estados Americanos (OEA) e das Nações Unidas. Eles disseram mais ou menos o seguinte: "Sentimos muito, mas não é permitida por nossa Carta intrometermo-nos em assuntos internos de cada país". Fiquei chocada! "Então por que você existe?", eu pensava.

Trabalhei para a OEA durante quase 25 anos como intérprete "*freelancer*" e tenho orgulho das reuniões que traduzi para a

Comissão Interamericana de Direitos Humanos. As reuniões eram "quentes," e os representantes dos países acusados de não aderirem às mudanças da Carta – as ditaduras militares que abundavam na América Latina, inclusive o Brasil – ficaram bastante irritados com as críticas dirigidas contra eles.

Em uma reunião da Assembleia Geral, um país sul-americano recusou-se a assinar o relatório final porque tinha sido acusado de violações dos direitos humanos. Ficamos lá até às quatro da manhã, quando finalmente entraram num acordo sobre a mudança de uma única palavra em uma frase, e o embaixador assinou.

O mundo finalmente despertou para a verdade sobre o que estava acontecendo em tantos países das Américas. Até então, a imprensa tinha desempenhado um papel crucial ao revelar as atrocidades cometidas e os perigos da intromissão de um fascismo nazista nesses países. Antes disso, não havia nem um reconhecimento oficial dessas terríveis violações de direitos humanos.

No Rio, a situação de Marcos continuava a mesma, apesar das promessas e declarações, e até da vitória no Supremo Tribunal Militar. Para Marcos e para nós foi como uma verruma rodando lentamente em uma ferida aberta, para abri-la ainda mais, propositadamente, sem dó nem piedade.

Felizmente, as cartas continuaram. Já as visitas desejadas, sem se realizarem, a família parada na portaria, e eu nos Estados Unidos procurando resolver outros problemas relacionados, mas todos nós vivendo uma única opção, uma única esperança: a alta do Marcos do hospital e todos nos reencontrando!

Carta da minha mãe para mim

Rio, 7 de outubro de 1970.

Ele tem lido muito, pois mandamos muitos livros de arte, ciência e poesias. Toda quinta e domingo mando uma comida gostosa para o almoço, fora as gulodices. Quanto a mim, não tenho doença nenhuma, a taquicardia é um fenômeno nervoso. Também, o que tenho sofrido e ainda sofro!

Carta de Martinha para Marcos

Rio, 8 de outubro de 1970.

Estamos tentando tudo! Tenha fé que iremos conseguir. Sua carta foi maravilhosa, tão você! Ninguém se cansa de ler e reler e reler.

Vovó está procurando se consolar, mas ainda está muito nervosa e abatida.

Miguel não sabe o que fazer para acalmar-se na saudade e ânsia de ver você depois dessa espera tão difícil e prolongada...

Os olhos já abrem mais? Está vendo bem? E o estado geral? Marcos querido, confiança, pois a gente tem que se ver logo e vovó precisa disso logo. Ela agora só vive para isso!

Carta de Marcos para a sua avó

Rio, 8 de outubro de 1970.

Os minutos e as horas se arrastam, longe que estou de vocês. Por mais que eu leia e exercite, meu pensamento não sai de vocês. Ontem passei a manhã concentrado na expectativa de vocês aparecerem aqui, ao meu lado...

Tenho melhorado. O olho já mexe um pouco e a perna fortalece.

Sim, eu também preciso ver vocês e tenho fé em Deus que vocês conseguirão isso logo. Cuidem bem da vovó. E mamãe, dia 30?

Carta de Miguel para Marcos

Rio, 11 de outubro de 1970.

Meu querido irmão, cá estamos, mais uma vez, infelizmente sem poder entrar.

Carta da minha mãe para Tiana

Rio, 11 de outubro de 1970.

O *habeas corpus* está suspenso desde o Ato Institucional n. 5 [de 13 de dezembro de 1968], mas, mesmo assim, nosso recurso será julgado na quarta-feira. Conforme a decisão, passa para a Justiça Civil. Temos recebido garantias de que também podem dar a sentença de libertação e é o que vai acontecer.

Carta da minha mãe para mim

Rio, 15 de outubro de 1970.

No Supremo Tribunal Militar o advogado fez uma ótima explanação. Mas o promotor, na acusação, fez a maior gafe, dizendo que Marcos estava seriamente envolvido na Operação Bandeirantes, que é uma organização altamente subversiva. Ele nem sabia o que era a Oban... Foi um "tableau", eu quase gritei de espanto. Acho até que isso ajudou o caso de Marcos.

Hoje eu, Lina, digo, sim, que a Operação Bandeirantes era uma organização altamente subversiva contra os direitos humanos, contra a decência, contra a justiça, contra a dignidade e contra a humanidade. Era uma das vergonhas do Brasil, junto com tantas outras, e o que faziam só era comparável às barbaridades cometidas pelos nazistas no Holocausto.

A troca de cartas continuava, para aliviar nossa espera e angústia – cartas ora carinhosas, ora cheias de entusiasmo e ora de desespero.

Carta da minha mãe para mim

Rio, sem data.

[...] no Tribunal a acusação disse que Marcos estava indiciado por ser subversivo, mas a defesa refutou toda a história, mencionando sua carta a Buzaid, e contou sobre os maus-tratos que Marcos havia recebido. Ele disse que você, Lina, constituiu um advogado e que estava sob contrato com o Departamento de Estado. Enfim, tudo muito bem. Depois veio o lamentável promotor, que mal sabia ler e terminou com aquela gafe horrível sobre a Oban. Em seguida, falou o Técio [o advogado de Marcos] muito bem, alto e claro, sem demagogia nem frases bombásticas.

Saímos em seguida, pois a sessão ficou secreta. Quinze minutos depois entramos de volta, e o presidente [do tribunal] leu em voz alta que o *habeas corpus* fora transformado em Representação e por unanimidade de votos era quebrada a incomunicabilidade.

Carta da minha mãe para Marcos

Rio, 23 de outubro de 1970.

Soube pelo capitão que você deve parar de ler um pouco, por ordem do médico, e você deve obedecer direitinho. Não force o seu cérebro com coisas complicadas.

Carta do Miguel para Marcos

Rio, 25 de outubro de 1970.

Lá se foi outra semana e não conseguimos te ver. É duro! Eu não compreendo a demora. O Superior Tribunal Militar declarou a quebra imediata da incomunicabilidade! Parece que tudo na vida da nossa família foi sempre sofrido e lento, e agora ficamos sofrendo e lutando à toa.

Carta da minha mãe para mim

Rio, 28 de outubro de 1970.

Já estou velha e aquela força de ânimo foi só por amor ao meu neto. Eu continuo lutando, mas a vontade é de deitar-me numa cama e acabar a vida, de tão cheia de coisas que tenho sentido e tantas tristezas. O caso dele saiu em dez jornais aqui e em dois em São Paulo, sendo que a *Última Hora* deu que ele "ficara atacado de paralisia motora depois de um 'interrogatório'". A *Tribuna da Imprensa* também deu assim.

Carta minha para Marcos

2 de novembro de 1970.

Afinal, posso escrever-lhe dando uma boa notícia. Meus papéis ficarão prontos dia 16! Farei tudo para embarcar logo a seguir. É só ir contando os dias, horas, e minutos agora. As notícias a seu respeito parecem boas, exceto as visitas. Espero que essa barreira caia logo. Puxa vida! Trabalhei muito, sofri muito, agora quero descansar perto de você e fazer tudo, TUDO, para que fique bom logo. Coragem e fé!

Carta da minha mãe para mim

Rio, 11 de novembro de 1970.

Marcos está bem, mas os fenômenos neurológicos não desapareceram. Ele tem aquela ideia fixa, aquele medo de voltar para São Paulo ou de ser de novo inquirido, por mais que se diga que não irá. Luciano, médico [o marido de Elza], disse que só isto é o bastante para ele instintivamente não ajudar a cura.

Marcos depois me contou que o encarregado da sua enfermaria vinha todos os dias dizer-lhe:

– Espera só, você vai ser devolvido para São Paulo a qualquer hora, espera só. – Daí o terror que o invadira.

Por causa dessas constantes ameaças ele começou um plano de parecer mais doente ainda, para não poder ser transferido para São Paulo. Punha o dedo na garganta cada vez que comia a fim de vomitar. Além de todos os problemas físicos, motores e psicológicos, ainda acrescentou mais isso, que o deixou cada vez mais magro e frágil.

A carta da minha mãe continuava:

Mildo [o pai do Marcos] e eu iremos sexta-feira conversar com o Brigadeiro Faria Lima, que está muito interessado no caso, através de um rapaz que esteve preso com Marcos e ficou amigo dele. Este rapaz trabalhou com o Brigadeiro cinco anos e, logo que saiu, foi procurá-lo. O Brigadeiro interessou-se, e até mandou pedir a cópia do processo lá em São Paulo. Disse-lhe que a única coisa que existe contra Marcos são acusações da moça que foi presa no mesmo dia.

Marcos escreve mais um poema

Poema 2021

Sinto o olho dos homens
sedentos de amor
E é deserto.
Seus peitos são fontes
  mas eles não sabem
  ou não querem saber.
A aridez os consome
Beethoven rasga a dedicatória
  da 3ª sinfonia
O 2º movimento se transforma em réquiem.
O coração dos homens está tórrido
  rachado e endurecido,
  a sede o atormenta,
Se ao menos os peitos se abrissem...
Mas é deserto.
  Deserto de pedra, de areia, de sal.
  Deserto dos homens.
Muitos Maomés tentam dar-se as mãos
  os homens as retiram
  prestos
  e morrem de sede,
  Sós.
Muitos Cristos morrem em muitas cruzes
  sacrificados pelos algozes
  seus irmãos.
E é deserto.
  Solidão, sede e morte

Mas Beethoven criou
  a 9ª Sinfonia!
Os peitos podem se abrir
As mãos podem se dar
Os Maomés vencidos
  venceram a sede!
Os Cristos mortos
  venceram a morte!
O futuro é do Ser Humano,
Irresistivelmente.

(H.C.E., Rio de Janeiro, 10 nov. 1970)

Capítulo 9
Apoio nos Estados Unidos

Após meu retorno a Washington, em agosto, procurei imediatamente um bom amigo que trabalhava para a Associação Internacional de Ferroviários e Trabalhadores Aeroviários. Jack Otero foi expulso do Brasil pela ditadura como *persona non grata* porque, enquanto esteve no Brasil, protestou contra a repressão governamental ao movimento sindical. Contei-lhe o que havia acontecido com meu filho, e ele me escreveu uma carta em resposta, dizendo que havia encontrado amigos influentes em Washington que poderiam ajudar a tornar o público em geral mais consciente do caso de Marcos. Incluía também um artigo do jornalista Jack Anderson que se referia à atuação de um dos senadores de Idaho em relação ao Brasil.

Quando nos encontramos, Jack Otero me aconselhou sobre o que deveria fazer. Ele me disse que eu deveria começar imediatamente a trabalhar com a papelada para me tornar uma cidadã naturalizada dos Estados Unidos, para que pudesse ser protegida. Ele também recomendou que eu escrevesse cartas à Anistia Internacional em Londres, à Comissão Internacional de

Juristas na Suíça, às Nações Unidas e à Organização dos Estados Americanos.

Eu comecei meu ataque imediatamente. No dia 26 de outubro, escrevi ao deputado Joel T. Broyhill, da Virgínia, indicando que queria naturalizar-me norte-americana e que estava sob pressão por causa do meu filho de 29 anos, que sofria com paralisia motora e implorava pela minha presença. Como eu tinha um visto de imigrante (“*green card*”), não tinha permissão para passar muito tempo fora do país. Como eu já estava no processo de naturalização, eu só queria que me ajudasse a apressá-lo. Embora ele fosse republicano e eu democrata, eu tive que recorrer ao senador de Virgínia, o estado onde eu morava com a minha filha Cristiana. Ele foi corretíssimo, e fez tudo por mim.

Passei no teste de idioma e no teste de conhecimentos gerais sobre os Estados Unidos, e escolhi como patrocinador Tom Doherty, um maravilhoso e fiel amigo de nossa família. Também me pediram para fornecer três cartas de recomendação de pessoas que me conheciam bem. Graças a Deus passei logo. Eu já morava nos Estados Unidos havia mais de cinco anos, mas o processo de naturalização parecia arrastar-se por ser época das eleições. Afinal, recebi uma carta da secretária do deputado informando-me da reunião de naturalização em Richmond, Virgínia.

No dia marcado, eu estava muito nervosa durante a longa viagem até Richmond. Havia muita gente da Inglaterra, da América Latina, da Grécia e de vários outros países. Era como uma arena, a sala lotada. Cada pessoa foi solicitada a nomear o país de onde veio. Depois, com as mãos sobre o coração, todos nós juramos fidelidade à bandeira norte-americana e prometemos não cometer nenhum crime contra o governo. As lágrimas correram pelo meu rosto. Embora amasse os Estados Unidos, nunca tivera a intenção de renunciar à nacionalidade dos meus ancestrais. (Belisário Penna,[1] meu querido avô, sempre teve muito orgulho de seu país!) O que não se faz por um filho! Em seguida, houve uma recepção com muitos abraços e parabéns. Recebi um belo certificado. Era oficial. Agora só faltava tirar o passaporte e poder ir para o Brasil.

Ron Smith, um norte-americano que acompanhou um dos grupos brasileiros para os quais traduzimos, me disse que o caso de Marcos estava sendo analisado em alto nível dentro do governo norte-americano, mas não soube revelar como sabia.

No dia 15 de outubro, a Anistia Internacional me respondeu por uma carta vinda da Filadélfia. "Que maravilha!", pensei, ao sentir o apoio deles. "Certamente as coisas vão melhorar." Os membros desse grupo são anjos. Espero que saibam o quanto fizeram pelo meu filho.

Para quem desconhece, a Anistia Internacional forma em todo o mundo grupos de voluntários interessados em ajudar os prisioneiros políticos, que não usaram de violência, mas foram torturados e injustamente condenados à prisão. Eles publicam relatórios sobre a situação em cada país e fazem pressão política sobre os governos e outras entidades internacionais, em favor das liberdades cidadãs e dos direitos humanos individuais e sociais.

"Nosso" grupo era da Filadélfia. A Anistia Internacional designou-os para o nosso caso. O grupo era formado por quatorze pessoas que desempenharam um papel importante no

1 Belisário Penna (1868-1939), médico e pesquisador, foi ministro da Educação e Saúde em 1931 e 1932, durante o governo de Getúlio Vargas, anterior à ditadura do Estado Novo (1937-1945).

auxílio a Marcos. Cada membro do grupo escreveu cartas ao presidente, ministros, funcionários do Supremo Tribunal Militar, ao vice-presidente do Brasil etc. Enfim, um verdadeiro bombardeio de pequenas cartas perguntando: "Onde está Marcos Arruda? Por que ele desapareceu? O que ele fez para merecer isso? Por que ele foi hospitalizado se sempre teve boa saúde? Por que ele foi preso sem que tenha processo em nenhum tribunal? Etc. etc.".

Um general respondeu a essas cartas, alegando que Marcos era subversivo e dizendo onde estava detido. Isso foi suficiente para Técio iniciar uma ação judicial. A resposta do general foi a prova de que precisávamos, pois até então não havia nenhum registro legal ou oficial de que Marcos estivesse preso. A carta do general nos ajudou imensamente. O general chegou a enviar um dos seus assistentes para perguntar se Técio conhecia a Anistia Internacional e se deveria responder-lhes. Foi "uma sopa no mel" para nós. Técio respondeu imediatamente que se tratava de uma organização muito importante, à qual o governo deveria responder para evitar um escândalo. Todos nós vibramos com Técio.

Pouco depois, em novembro, li no *Washington Post* que um padre chamado Louis Michael Colonnese[2] estava horrorizado com as notícias das maldades praticadas nos porões militares da América Latina e que ia pedir a intervenção do papa contra estes desmandos.

---

2 Louis Michael Colonnese (1930-2002) foi diretor do Escritório sobre América Latina do Conselho dos Estados Unidos de Bispos Católicos (USCCB), entre 1968 e 1971.

No dia 28 de outubro, enviei-lhe uma carta contando a nossa situação, anexando uma cópia da carta que havia enviado ao ministro Buzaid. Logo recebi uma resposta. Enviei-lhe outra carta, no dia 6 de novembro, informando-lhe que minha mãe já tinha conseguido visitá-lo, por uma hora. Avisei-o também que embarcaria para o Rio de Janeiro no dia 18 de novembro e que, como cidadã norte-americana naturalizada, iria ver se conseguia forçar o cônsul norte-americano a visitar Marcos.

Capítulo 10
Meu retorno ao Brasil

Então, com a cara e a coragem, voltei para o Brasil. Deixei uma declaração pronta nos Estados Unidos, caso fosse detida pela polícia brasileira. Coloquei toda a correspondência "perigosa" que levava, como cartas a organismos internacionais e ao padre Colonnese, entre duas páginas de uma revista *Vogue* que colei para esconder enquanto passava pela alfândega brasileira. Queria parecer "limpa" para as autoridades, e entrei com meu novo passaporte sem problemas.

Cheguei ao Brasil no dia 20 de novembro e fui correndo ver o Marcos. Eu estava tremendo de emoção. Isto é o que escrevi em uma carta ao padre Colonnese no dia seguinte:

> Rio, 21 de novembro de 1970.
>
> Ele estava sozinho, em uma enorme enfermaria, toda de azulejos, fria.
>
> A mesma nojeira de sempre. Vai-se do segurança para o capitão, depois para o general, depois para o médico, e, finalmente, Marcos. O capitão é um homem alto, feio, cara de hipopótamo, muito antipático, que me tratou como se eu não existisse.

No momento que entramos, Marcos estava sozinho, em plena convulsão! O segurança gritou:

– Esperem!

Respondi e o empurrei também, gritando:

– Eu não espero nada! – E corri para ele [Marcos].

Mônica, que viera comigo, chamou o capitão:

– Por favor, ele está tendo um ataque!

O capitão levantou os ombros, virou as costas e saiu.

Eu segurei o Marcos nos braços, o chamando:

– Marcos, meu filho, Marquinhos, meu filho, sou eu, mamãe! Volta, meu filho, volta para mim!

Era uma coisa horrível! Seu corpo era sacudido por fortes e incontroláveis espasmos, seus dentes cerrados fortemente enquanto ele babava. Ele segurava uma toalha no queixo e gemia. Eu o apertava e dizia:

– Por favor, meu filho, meu filhinho – enquanto a Mônica soluçava. O segurança chorava também.

Lentamente, [o Marcos] passou os braços ao redor do meu pescoço, as contrações foram diminuindo, enquanto ele soluçava também.

– Ah – disse ele, afinal –, é maravilhoso ter você de volta. Que bom! Que bom! Que bom que você veio!

O capitão dissera, uma hora só. O médico, Dr. Bola, outro filho da mãe, diminuiu para vinte minutos... Disseram que ele não estava bem, que a comida enviada por mamãe o fizera adoecer. Vomitava tudo o que comia...

Aí, usamos de um truque. Mônica contava para ele a festa de minha despedida em Washington falando altíssimo, enquanto eu falava com ele baixinho, tudo o que achei necessário.

Nessa fase é que ele punha o dedo na garganta para não voltar a São Paulo. Ele estava aterrorizado, não queria ir de jeito nenhum e usava esta alternativa para não poder viajar. Agarrava-se a mim dizendo: "Por favor, não me deixe ser levado!".

Prometi tomar providências imediatas. O hospital pedira muletas, de modo que pudesse começar a andar. Pensamos que seria para apressar a volta para São Paulo e não as levamos.

Também nos disseram que sua saúde não estava má, que podia andar com muletas ou bengala, a perna melhorando, mas o olho continuava fechado. Levamos um cartaz bonito e um roupão, que tivemos de trazer de volta para casa. Nem isso aceitam para o pobre. Ele estava sujo, com barba por fazer, muito pálido e fraco.

Falamos com ele sobre você, Mike, e mostramos a medalha do papa. Ele ficou surpreso e muito agradecido.

Ainda tem cerca de cinco convulsões por dia. Contou-nos que caiu da cama durante duas delas e acordou no chão, tendo batido a cabeça fortemente. Que havia melhorado com o remédio para epilepsia, mas como o diagnóstico deu que ele não é epiléptico, os burros suspenderam o remédio dizendo que é perigoso, na opinião do hospital. Ele está muito desanimado e assustado.

Depois desses agonizantes vinte minutos, fomos levadas para fora acompanhadas por dois soldados, um capitão e um segurança. Como somos perigosas, não?

Eu estava totalmente deprimida e em pânico por dentro. A enfermaria é grande, com cerca de vinte leitos, muito fria e ele está lá sozinho, em uma cama ao centro. Só isso já me deixou doente.

Fui imediatamente para o consulado norte-americano e falei com o cônsul-geral. Entreguei-lhe meu relatório enfatizando desesperadamente a importância de uma ação antes de segunda-feira, data em que pensa que será transferido.

Ele é um homem calado, não falou muito, mas foi logo à sessão política, voltou, deu-me umas dicas e ficou de telefonar. Até agora... nada.

Também falei com o adido do trabalho, que prometeu procurar o cônsul e trabalhar junto com ele. Técio disse que seria ótimo demonstrar que o governo dos EUA estava interessado.

A seguir fui ver dom Aloísio Lorscheider, arcebispo do Rio de Janeiro, com a carta. Ele foi maravilhoso, mostrou-se muito interessado e bondoso.

Disse não poder ir ver Marcos em pessoa para não perder sua posição de ligação com o governo, perdendo, assim, a confiança que lhe depositavam, e dessa forma poder ajudar a muitos outros de nós. Dom Lorscheider deu um murro na mesa e disse:

– São deuses com pés de barro. Eles hão de cair...

Domingo telefonou-me dizendo que dom Alberto Trevisan, bispo auxiliar do Rio, tinha ido visitar Marcos, em nome dele, no sábado pela manhã, mas não o deixaram entrar.

Meu Deus, era um passo à frente...

Dom Lorscheider também disse:

– Eles são bestas humanas. Se o presidente [Médici] puder se livrar de Canavarro, Rademaker e Sarmento, estaremos salvos, porque ele realmente quer uma linha suave. Mas o boato é que ele já despediu o Canavarro, e este se negou a sair. Então não se surpreenda se acordar um dia desses com as ruas cheias de tanques e o governo nas mãos do pior tipo de gente desde Hitler.

Isto só veio confirmar minhas suspeitas de que quem manda no Brasil de hoje não é o presidente. [...]

Fui para a casa de minha irmã e liguei para Mr. Malcolm Hallam, em São Paulo. Ele era o cônsul de lá nessa época, e tinha sido meu chefe quando trabalhei no consulado norte-americano no Rio, de 1957 a 1958. Ficou horrorizado com minha descrição do que havia visto e se ofereceu para falar com o cônsul do Rio imediatamente.

Ótimas perspectivas para tirarmos Marcos de lá, pensava eu.

Elza e eu, então, fomos para o Ministério da Guerra ver um tal capitão. Ele não estava e falamos com o relações públicas do Ministro. Tomou nota de tudo, sentado ao meu lado e disse nunca ter ouvido falar no caso de Marcos. Olhem a falta de comunicação entre eles, ou como faziam tudo escondido... Eu vi quando escreveu:

1. Não voltar para São Paulo (grifado).

2. Que eu estava sob contrato com o Departamento de Estado...

Enquanto eu dizia:

– Que choque é para mim, depois de tantos anos nos EUA, voltar para encontrar o Brasil desse jeito! Falta de liberdade, sem *habeas corpus*, torturas e nem médico particular, nem meu advogado com permissão para ir vê-lo.

Ele escreveu e escreveu...

Voltamos para a casa de minha irmã, onde soubemos que meu cunhado médico, Luciano de Britto Pereira, que tinha sido colega do diretor do hospital onde Marcos estava, tinha ido ver o Marcos. Não o deixaram entrar também, só olhar da porta (grande consolo, não?), apesar de muito bem recebido pelo general Galeno. Conseguiu ver a ficha, que dizia: "perturbações psicológicas por medo de tortura". (Alguém já viu uma perna encolher só por medo?)

No dia seguinte fui falar, pela primeira vez, com o coronel Octavio Medeiros, cunhado de Luciano. Era no Palácio das Laranjeiras e eu estava uma pilha! Não sabia se deveria agradecer-lhe o que já fizera ou se era para fingir que ignorava tudo.

Amável, pediu-me um relatório completo de tudo o que eu sabia sobre o caso e minha honesta opinião.

Escrevi o relatório e nele me prontificava a assinar um termo de responsabilidade, dizendo que Marcos obedeceria às ordens até que o caso tivesse terminado nos tribunais, se permitissem que viesse para casa para ser tratado por nossos médicos. Também declarei que estamos ansiosos para ir para os EUA, onde trabalho, para resolver nosso problema financeiro em péssimo estado, mas, acima de tudo, tratar da saúde dele. Tudo isso orientado por Técio sobre como deveriam ser os termos do documento.

O coronel despediu-se dizendo:

– Vou fazer de tudo para libertar seu filho.

Soubemos depois que Marcos não foi visto por nenhum especialista. Tudo mentira do hospital. O médico de lá é uma besta de um major que é dermatologista.

Marcos tem um espírito forte e lindo, mas o terror continua...

Um amigo dele foi a Montevidéu e viu o nome dele na primeira página de um jornal, e dentro toda a história. Ninguém sabe quem mandou – teria sido a Anistia?

Também conseguimos os nomes de alguns dos chefes das equipes de torturadores: capitão Dalmo Luiz Cirillo, Maurício Lopes Lima, Homero Cesar Machado, Benoni de Arruda Albernaz. São muito conhecidos e são os que deram o "tratamento", como chamam, em Marcos.

Mônica viu um deles, em São Paulo, saindo da cela de Marcos, no hospital. Achou Marcos com o rosto muito vermelho e inchado. Será que tinha batido nele? Marcos não se lembra disso (graças a Deus!), assim como de muitas outras coisas que os demais presos da época dizem ter acontecido.

E a carta ao padre Colonnese continua:

Não tenho muitas esperanças, pois o advogado diz que eles podem fazer o que quiserem da mesma maneira que quase o mataram, podem deixá-lo sem julgamento ou podem exigir que fique. Eles são a lei!

Bem, querido amigo, paro por aqui. Assim que tiver mais notícias, escrevo.

Por favor, continue rezando por meu filho.

Capítulo 11
A saga de outros presos

Os dias passavam sem notícias, exceto o que ouvíamos sobre outros prisioneiros. Enquanto isso, eu continuava escrevendo cartas para os Estados Unidos. Técio nos contou que o advogado Augusto Sussekind de Moraes Rego fora preso junto com dois professores importantes. Eles foram jogados na cadeia, com as cabeças cobertas por capuzes, e receberam comida misturada com estrume. Na época, Sussekind de Moraes Rego tinha 70 anos e era membro do Conselho Federal da Ordem dos Advogados do Brasil. Após três dias e muita comoção, eles finalmente foram libertados.

Continuei alimentando o grupo de Anistia Internacional de Filadélfia com essas histórias. Eles continuaram bombardeando os líderes militares com cartas pedindo informações sobre Marcos. Os militares devem ter ficado surpresos que esses norte-americanos sabiam tantos detalhes do que estava acontecendo no Brasil... até que, um dia, isso se voltou contra nós, como será visto.

Na época, no entanto, ouvíamos caso após caso de outras pessoas que haviam sido presas e torturadas. Hugo Moreno era um argentino que esteve na mesma cela que Marcos quando ele estava no Hospital do Exército em São Paulo. Quando visitei Marcos durante minha primeira viagem de volta ao Brasil, Hugo me entregou dois pequenos bilhetes escritos em papel higiênico, pedindo socorro. Ele disse que ninguém no mundo sabia que ele ali estava, com paralisia das pernas e uma lesão em um rim, pois urinava sangue desde que foi brutalmente torturado.

Assim que retornei ao Rio, escrevi uma carta ao consulado argentino avisando e reproduzindo os bilhetes. Fui levá-la pessoalmente, mas era um feriado argentino e o prédio estava fechado. Então, coloquei tudo sob a porta. Graças a Deus, deu resultado.

Um dia, muito tempo depois, por coincidência, Marcos e eu estávamos em Lisboa. Marcos me disse que ia me fazer uma surpresa, e me levou para uma esquina. Olhei para cima e um jovem estava correndo em nossa direção. Ele me pegou nos braços e exclamou:

– Você salvou minha vida. Foi você!

Era o Hugo. Ele havia sido libertado pelo consulado argentino e havia se mudado para Paris.

Outra história terrível que fontes oficiais me contaram é sobre três jovens mulheres. Uma delas era nossa amiga, a Márcia Savaget, que frequentava nossa casa. Ela e outras duas jovens mulheres foram presas em algum lugar nos arredores do Rio. O Supremo Tribunal concedeu-lhes a liberdade. Suas mães, juntamente com seu advogado, foram a um ponto de encontro para buscá-las por volta das seis da tarde, mas elas só apareceram de madrugada. Logo assim que chegaram, três carros pararam e nove homens desceram. Agarraram o advogado e o jogaram no chão. Depois, pegaram as jovens mulheres e saíram em disparada novamente. Isso foi ação dos militares linha dura.

O caso retornou aos tribunais. Elas novamente foram encontradas nas prisões e foram obrigadas a repetir todo o processo. No fim de novembro de 1970, estavam refugiadas em asilo político na Embaixada do Chile, para onde elas foram em seguida.

Carta minha ao padre Colonnese

Rio, 28 de dezembro de 1970.

Sua carta chegou em um momento de desespero para mim. Foi um bálsamo, trazendo esperança e apoio, pois eu estava começando a me sentir abandonada por todos na minha luta.

Depois que lhe escrevi a primeira carta, a família teve permissão de ver Marcos por três semanas, todas às terças-feiras, de 9h30 às 10h30. Eu dizia para ele:

– Fique bom que nós tiraremos você daqui.

Ele melhorou tão depressa! Era surpreendente observar. O olho ainda fechado, mas, da última vez que o vi, estava andando sem muletas, a perna muito inchada devido ao esforço de tanto exercício, mas o espírito forte e elevado.

Passou-me algumas notinhas dizendo que sua principal preocupação – como sempre pensando nos outros – era a Estrella Bohadana, a moça que estava presa em uma cela separada da de Marcos por um pequeno pátio. Ela trabalhava com os operários, em Volta Redonda. Havia sido trazida com hemorragia devido a um aborto causado pelos torturadores que haviam pisoteado seu ventre quando souberam que estava grávida... 21 anos de idade, com o marido desaparecido, queriam que dissesse onde ele estava... Entrei em contato com a família e tudo está sendo feito para ajudá-la a sair também.

A história da Estrella consta na carta que Marcos escreveu ao papa Paulo VI, datada de 4 de fevereiro de 1971.[1]

Continuando minha carta para o padre Colonnese:

> Marcos continua pedindo para ver o advogado. Fui, então, pedir que viesse e formamos uma equipe: Técio Lins e Silva, o cônsul norte-americano, meu outro filho Miguel Arruda, meu ex-marido e eu.
>
> Chegamos ao hospital sem aviso prévio. O diretor, general Galeno, gelou. Vi claramente na expressão e nas linhas de seu rosto que ele se sentia acuado. Percebeu muito bem e amavelmente explicou que não dependia da sua decisão, mas sim da Segurança. Foi para o telefone falando baixinho.
>
> Pouco depois, chegou o segurança da Polícia do Exército, de uniforme de montaria, botas e chicotinho na mão, que batia na perna direita sem cessar, dizendo que não poderia nos permitir visitar Marcos e nos enviou para a Sede da Polícia no Ministério da Guerra. [...]
>
> Saímos abatidos, mas eu supliquei que fossemos já que estávamos ali... Concordaram e lá seguimos nós.
>
> Fomos recebidos por um coronel muito estúpido, Mello,[2] na porta da sala, de pé.
>
> Técio explicou a razão da nossa visita. A resposta foi:
>
> – O senhor sabe muito bem que tem que conseguir essa permissão com as autoridades na auditoria.
>
> Técio logo revidou:

---

1 Amnesty International, *Report on Allegations of Torture in Brazil*. Palo Alto: West Coast Office, Amnesty International, 1973, p.19-20.

2 O coronel Mello foi o último militar que falou com Marcos no momento da sua libertação. Foi ele quem disse: "Nós sabemos que você é um subversivo irrecuperável. Vamos vigiar cada passo que você der [...]".

– Não há registro dessa prisão em nenhuma auditoria do...

Resposta:

– Isso não é meu problema.

Havíamos apresentado o cônsul e os outros dizendo ser eu norte-americana e daí a presença do mesmo, interessado no bem-estar do meu filho.

Disse ele:

– Os direitos dos norte-americanos acabam onde começam os direitos dos brasileiros.

O cônsul ficou roxo, pois ele acabara de vir de Portugal e entendia português muito bem. [...]

Apesar da derrota, eu saí conformada, achando que a presença do cônsul e de Técio já seria suficiente para que "eles" não fizessem nenhum mal ao meu filho.

Escrevi o tal termo de responsabilidade, que foi entregue ao coronel Medeiros. Ele pediu à própria mãe que telefonasse para minha mãe, dizendo que Marcos viria para casa no Natal. Quanta esperança encheu nossos corações!

Desde nossas constantes visitas ao hospital, mostrando interesse familiar e de outras autoridades, o tratamento de Marcos como ser humano melhorou. Ele [Marcos] também havia feito amigos entre os funcionários e serventes do Hospital Militar.

No dia 8 de novembro, lá fomos. Todos – desde o diretor-general, o capitão Morais, segurança e até o sargento – disseram-nos que Marcos iria sair e vir pra casa; que dois policiais de São Paulo tinham vindo vê-lo e um novo e longo testemunho foi dado, "que muito os agradou"; e o chefe de polícia, o mesmo Mello, tinha dito a ele em pessoa:

– Ande e você irá para casa.

Nossas esperanças aumentaram. Planejamos o jantar e a ceia do dia 24. Preparei o quarto dele, colocando a linda medalha [do papa

Paulo VI], presente do padre Colonnese na cabeceira. Havia uma euforia no ar e a casa foi toda decorada de Natal para recebê-lo.

Eu dizia, tentando telepatia:

– Oh, papa, olha lá, você tem que trazer meu filho para casa, HOJE.

Miguel e eu, dentro do carro dele, nós estacionamos durante cinco dias na porta do hospital, temendo que Marcos saísse e fosse sequestrado, como Márcia Savaget tinha sido, pela "linha dura". Eram horas e horas de espera, música de rádio, conversa e sono. [...] Afinal, Miguel disse:

– Mamãe, eu sinto muito, mas tenho que trabalhar.

Então, paramos de vir esperá-lo.

No fundo do coração, eu sabia que não adiantava muito, porque o carro da Polícia do Exército podia entrar no hospital, levá-lo sem que nada víssemos.

E foi isso que aconteceu...

No dia 22 de dezembro, Marcos foi levado do hospital para o DOI-Codi, a sede da Polícia do Exército, longe do hospital. Por muita bondade do diretor, general Galeno, ficamos sabendo da transferência de Marcos. Imediatamente corremos para lá: Miguel, o pai, Mônica e eu.

Fomos recebidos na porta, outra vez como no quartel-general, por um soldado jovem que disse:

– Não podemos informar nada. Só no quartel ou Ministério da Guerra.

Insistimos, e ele chamou o coronel. Ele chamou um homem em camisa moletom, o nome coberto por um esparadrapo, como faziam os torturadores para não serem reconhecidos, que pediu a meu ex-marido para escrever no papel o que queríamos. [...] Esperamos um tempo enorme, até que outro soldado trouxe o mesmo papel de volta. Atrás estava escrito: "Vão ao Ministério, sala tal". Fomos telefonar para saber se seríamos recebidos, nada de resposta, seguimos para casa cabisbaixos.

Foi a mais dolorosa das esperas, 23 veio, depois o dia 24, tudo esperando, o peru no forno e as lágrimas rolando. De repente minha mãe telefona:

– Um sargento acaba de ligar, dizendo que Marcos está de volta ao hospital!

Meu coração caiu aos pés...

– Aposto que torturaram ele de novo! Meu Deus!

Mas logo o sargento me chama também e eu grito chorando:

– O que foi? O que foi? Ele foi torturado de novo? Por favor!

O homem respondeu com voz calma e serena:

– Não, senhora, ele teve convulsões e voltou por isso. Pediu para eu ligar e desejar a vocês, à senhora, um Feliz Natal.

Soube depois por Marcos que, após três dias lá, ouvindo os gritos dos torturadores, à noite e sem o medicamento, ele voltou a ter convulsões.

No dia seguinte, voltei lá e entreguei nas mãos do outro homem, que se dizia médico, e que também tinha o nome coberto por esparadrapo, o remédio para convulsão, avisando-o que, se não tomasse, ele pioraria. Esse jovem sem coração não deu o remédio para Marcos, nem me tratou bem, perguntando:

– Quem a informou de que ele está aqui? Não era para a senhora saber.

– Foi o diretor do hospital quem nos telefonou – eu disse.

– Isso é absurdo – gritou. E se foi, furioso.

Ah, meu querido Brasil, pensava eu chorando por dentro, o que fizeram de você? Quem são esses monstros e de onde saíram? Eles têm mãe?

Os soldados na porta, fardados, batiam os calcanhares quando passava um graduado e eu só me lembrava da Gestapo.

No dia 25, telefonei para o coronel Medeiros em Brasília. Ele ficou chocado ao saber que Marcos não havia saído. Disse-me que falasse com seu primo, o coronel Paiva, encarregado do caso de Marcos aqui no Rio. Telefonei. Estava fora, pelo fim de semana. Telefonamos na segunda-feira. Ele não sabia de nada e pensava que Marcos tinha passado o Natal lá em casa. Pediu-nos para telefonar de volta às 5 horas, pois ia providenciar. Assim fizemos. A resposta:

– O coronel Paiva saiu de viagem e só volta na próxima semana...

Mais uma vez, minha suspeita de que o presidente da República não tinha poder sobre os seus comandados confirmava-se. O general Sarmento e sua gangue não respeitariam a ordem direta do Planalto para soltarem Marcos antes do Natal. O nosso foi de lágrimas e tristeza, igual ao dele.

Veio terça-feira. Fomos ao hospital, como sempre. Lá se iam três semanas sem vermos o Marcos.

– Todas as visitas foram canceladas – disse o capitão Morais – desde o sequestro do embaixador alemão.

Disse que Marcos estava bem e ficou surpreso ao vê-lo de volta (pois ausentaram-se no Natal e pensaram que ele tinha sido solto). Disse também, entre risos, que se o problema do sequestro durasse dez anos, nós não veríamos Marcos por dez anos. Como se isso fosse a coisa mais engraçada do mundo. Mandou-nos de volta para o famoso coronel Mello.

Desta vez, o coronel mandou-nos sentar. Disse que Marcos teria ido para casa no dia 22, sim, mas quando receberam uma chamada de São Paulo mandaram parar tudo. Por isso, ele ainda estava lá.

– Mas ele está muito bem – disse.

– Não está não – respondi –, já que as convulsões recomeçaram lá no hospital.

O coronel quase caiu da cadeira.

– Ele está no hospital? Mas eu não fui notificado?!

A surpresa foi tão grande que ele nem conseguiu controlar seu comentário. Em resumo, tudo está uma bagunça total.

O coronel Mello não sabe quem é o coronel Medeiros. Este, por sua vez, não sabe quem desobedece às suas ordens, conforme me disse, acrescentando indignado:

– Mas foi ordem direta do presidente!

Em São Paulo, se é verdade que houve aquele telefonema, alguém está fazendo o que bem entende, sem perguntar a ninguém mais. Na Polícia do Exército ninguém se comunicava com o coronel Mello, que era o chefe deles no Ministério da Guerra. [...] É nojento, irritante e frustrante. Pode crer, Mike, eu sempre fui pacifista, mas me dá ganas de pegar um revólver ou uma metralhadora e atirar em qualquer coisa que se mexa num uniforme verde! É o que eles estão conseguindo de cada família que está sofrendo tais injustiças e humilhações. Violência gera violência.

Enquanto isso, Mike Colonnese escrevia para o papa no dia 12 de dezembro de 1970, pedindo ajuda e intervenção.

Hoje, passei o dia inteiro tentando falar com o coronel Albuquerque, que me ajudou lá. Também tentei entrar em contato com o coronel Medeiros em Brasília, mas não consegui. E aqui, no Rio, tentei contatar o general Siseno Sarmento. Ele é o chefão da crueldade e convencimento, que dizem ser inatingível. Se não tivermos sucesso dessa vez, será o fim...

Uma das condições para Marcos sair é de ter que ficar no Rio por um longo período. Então, nosso plano de voltar logo para os Estados Unidos foi por água abaixo. Mas vou me manter em contato com o cônsul, caso o governo mude (pois os rumores continuam de que a linha dura vai dar um golpe), para pedir asilo político.

Espero não ter causado confusão contando tanto detalhe. Tudo isso está rodando na minha mente, junto com rostos, sentimentos de revolta e noites de insônia. [...]

O problema é que está um jogo de empurra-empurra, demonstrando muito bem a falta de confiança entre eles, a rivalidade e ganância de poder, assim como o medo de desagradar a quem quer que seja que venha a ser o chefão amanhã.

Obrigadíssima por sua ajuda e interesse carinhoso.

P.S. A família acha que minha carta não deveria ser publicada nos jornais porque isso pode vir prejudicar a saída de Marcos.

Capítulo 12
Angústia

O tempo ia passando, as visitas proibidas. Marcos continuava preso e nossos esforços eram em vão. Nossos bilhetinhos para ele tentavam animá-lo.

De mim

Filho querido, nossa luta continua como sempre. As saudades não têm fim, esperamos ansiosos a sua chegada, que se Deus quiser não tardará.

Todo o meu carinho, Mamãe.

De Miguel e Lúcia

Está muito dura e triste essa libertação. Tenho certeza de que 1971 nos trará você novamente. Está tudo pronto para você. Nós te amamos demais, morremos de saudades. Estamos com você sempre no fundo do coração. Todo o amor e saudades.

Da minha mãe

Na incerteza da visita, deixei de ir dessa vez. Mas, vou sair hoje para lutar por você e apressar sua saída. Rezo muito, muito por você.

Aqui está uma cópia da minha carta para o coordenador da Anistia Internacional em Filadélfia, datada de 2 de janeiro de 1971:

Prezado sr. Baurys,

Por favor, veja a cópia de uma carta que fui obrigada a escrever para salvar a vida de Marcos. Por favor, mantenha a mesma em mãos caso uma autoridade brasileira o procure, telefone ou escreva. Se perguntarem, diga-lhes que destruiu todo o arquivo a meu pedido.

Infelizmente, sua última carta para eles causou mais danos do que benefícios. Entenda, por favor, que isso não é uma crítica. Nós tínhamos o direito de tentar qualquer coisa que fosse.

Marcos era para ter saído no dia 22 de dezembro. Na verdade, foi levado para a Polícia do Exército, a fim de assinar um termo de responsabilidade e ser mandado para casa. Esperamos e esperamos. Ele nunca veio! Então, após muita luta, súplicas, corridas de um lado para outro, de coronel para coronel, descobrimos que tinha sido mandado de volta para o Hospital do Exército, no dia 24 de dezembro, ao pôr de sol, com convulsões.

Na verdade, ele só voltou ao hospital no dia 25. Naquela altura, nós da família não sabíamos nada sobre o "tratamento" que ele havia recebido da polícia militar, e só soubemos do que aconteceu através de Marcos, após sua libertação.

A carta continua:

Desde o último sequestro do embaixador [alemão] que não o vimos mais. Dizem que ele está bem e andando por lá.

Através de parentes muito perto do general Siseno Sarmento, comandante do I Exército no Rio, descobrimos que Marcos não estava sendo mandado para casa porque souberam que ele estava mandando informações para a Filadélfia. Compreendi imediatamente. Então, escrevi a carta anexada, traduzida para o português, junto com a carta ao general, explicando que eu era a pessoa "culpada" de entrar em contato com a Anistia Internacional, pois estava desesperada, sozinha nos EUA, e que, depois de consultar um advogado, fui aconselhada a escrever para você como tenho feito.

Eu não digo conhecer o texto das cartas que vocês escrevem para eles. Tudo o que sei é que escreveram cartas suplicando pela liberdade de Marcos. Estão danados porque você acusa o governo brasileiro em sua carta.

Assim que eu conseguir marcar a entrevista com o general, que estou tentando conseguir através de três pessoas diferentes, telegrafarei para você o seguinte: "Tudo está legal, escreva". O que significará: "Marcos está livre!".

Então, escreva-lhes uma carta muito gentil, agradecendo por agirem rápido pelo reconhecimento do que era a justiça [a decisão de libertá-lo]. Elogie-os um pouco para que nos deixem em paz.

Se eu tiver sucesso, então, a segunda fase começará; convencê-los a me deixar levar comigo Marcos para os Estados Unidos. Perdoe a má datilografia. Estou uma pilha hoje...

Enquanto isso acontecia, procurei uma senhora, proprietária de uma butique na cidade, cuja filha era casada com um dos filhos do general Sarmento. Ela prometeu falar com a filha para que ela pudesse "contar" tudo ao general, em nosso benefício.

Foi recomendada por um parente da minha nora, através de um amigo de um comediante que é muito amigo do general.

Em 7 de janeiro de 1971, recebemos a seguinte carta:

> Prezada sra. Sattamini,
>
> Recebi instruções de acusar o recebimento da sua carta dirigida ao Santo Padre recentemente.
>
> Tenho o prazer de informar-lhe que seu pedido foi devidamente transmitido ao Núncio Apostólico no Rio de Janeiro... requisitando que o assunto receba toda a atenção possível. Sua Santidade manda assegurar-lhe de que ora pela senhora e seu filho neste momento tão difícil.
>
> Com meus bons votos e orações, atenciosamente,
>
> Sinceramente em Cristo,
>
> J. Benelli
>
> Secretaria de Estado do Vaticano

No mesmo dia, recebemos notícias de nossos amigos na Filadélfia:

> Prezada sra. Sattamini:
>
> Recebi um telefonema dia 4 de dezembro, de Cristiana Arruda. Ela me avisou de suas instruções para parar de escrever e evitar publicidade. Também escrevi para a Anistia Internacional em Londres sugerindo que também eles sigam suas novas instruções.
>
> Compreendo, da conversa com Miss Arruda, que Marcos era para ter sido solto no Natal, mas não foi porque as autoridades usaram a desculpa de que havia muita publicidade sobre o caso. Sei que deve ter sido um golpe terrivelmente frustrante para você e Marcos. Isso é imperdoável, um ato de crueldade, para ser acrescentado já na tão longa lista deles.

Naturalmente, não preciso dizer que lhe desejamos sucesso nos seus prolongados esforços para conseguir a libertação de Marcos.

Para registro, a Anistia Internacional oficialmente "adotou" Marcos como "prisioneiro de consciência".

Recebeu minha carta datada de 4 de dezembro de 1970, com anexo? Por favor, continue em contato conosco.

Stanley D. Baurys.

Em 12 de janeiro de 1971, recebemos outra carta do grupo da Anistia Internacional de Filadélfia:

Recebi sua carta datada de 2 de janeiro de 1971, com anexo em 11 de janeiro de 1971. Entendi perfeitamente suas instruções, e vou segui-las rigorosamente.

Agradeço seu obrigado por nosso "interesse", mas receio que, depois de minha última carta para o general Braga, nós tenhamos causado mais empecilho do que "ajuda". Estou terrivelmente, terrivelmente aborrecido por Marcos estar ainda com eles, aparentemente por causa de minha carta. Eu realmente me sinto muito mal por causa disso. Como você sabe, a carta foi escrita em 2 de dezembro de 1970. Eles devem ter dito que Marcos sairia no começo ou meados de dezembro. Será que mudaram a ideia entre 5 de dezembro e o Natal, e não lhe disseram só para maltratá-la mais?

Talvez não tivessem mesmo a menor intenção de soltá-lo naquela ocasião. Talvez achem que, se conseguissem frustrá-la bastante, você desistiria, mesmo que fosse temporariamente. Eu sei que isto nunca aconteceria, mas eles podem pensar que sim. Talvez, também, eles tenham medo da opinião pública, neste caso, em especial. Você saberia melhor do que eu sobre tudo isso.

Acredito também que o sequestro do embaixador suíço tenha influenciado na decisão deles. Talvez achem que não devem libertar nenhum prisioneiro durante este drástico período.

Eu realmente fiquei zangado e frustrado com as notícias que me mandou na sua última carta. Gostaria de poder fazer algo mais tangível.

Já lhe escrevi dizendo que me comuniquei com a Anistia Internacional em Londres, que suspendam a publicidade do caso por agora.

Incluo cópias de outras cartas que mandamos para várias autoridades. A que marquei como "Carta Formal" foi enviada ao presidente do Brasil e aos ministros da Justiça, Interior, Relações Exteriores, Finanças e Educação. Também mandamos para os governadores dos estados da Guanabara e São Paulo. Cada um recebeu a carta em três ocasiões diferentes: outubro, novembro e final de dezembro. [Só receberam no dia 4 de janeiro.]

Aguardo ansiosamente as próximas notícias.

Stan Baurys

P.S.: Mandei carta semelhante para a Embaixada do Brasil em Washington, D.C., e os membros do nosso grupo enviaram cartas semelhantes às que estão anexadas.

Carta de minha mãe para Marcos

Rio, 22 de janeiro de 1971.

Tem sido muito doído e custoso o passar desses dias. Vivemos na expectativa de que você vai sair, mas os dias passam e nada. Muitas vezes, Deus muitas vezes experimenta nossa fé e confiança Nele, nestas coisas. Não devemos desanimar, mas confiar em Sua bondade e esperar.

Você só não saiu por causa de saúde, quando teve aquela recaída na prisão da Polícia do Exército. [Minha mãe não estava ciente das outras informações que tínhamos recebido.] O coronel Mello, chefe da Polícia do Exército, disse para mim que estão esperando você ficar bem. No hospital, dizem que você está muito bem, andando e só falta melhorar a vista. [Mais mentiras que iludiram minha mãe.]

Não descansei um dia de luta por você, e esperamos que agora possamos conseguir sua libertação tão ansiosamente esperada...

Cartas de Clemildo para Marcos

15 de janeiro de 1971.

Venho hoje, sexta-feira, para trazer alimentos e saber notícias. Temos conhecimento de que você está cada vez melhor! Deus o proteja! Falta pouco para estarmos todos juntos!

19 de janeiro de 1971.

Deus te abençoe. Hoje viemos visitar-te, trazer-te nosso amor e saudade. Muitas preces têm sido feitas pela tua libertação, que pressentimos estar muito perto...

23 de janeiro de 1971.

Hoje, sábado à tarde, venho trazer-te de novo meu abraço, amor de pai saudoso, que aguarda ansioso, mas paciente, a tua volta. Quanto mais sofremos hoje, maior alegria amanhã. Deus te abençoe por meio de seu pai...

Ao mesmo tempo, recebíamos informações do hospital que se revelaram mentirosas. Nossas esperanças frustradas de que ele sairia em breve deixaram nossa família desesperada.

Carta minha para Stanley Baurys

Rio, 22 de janeiro de 1971.

Prezado sr. Baurys,

Por favor, não se culpe pelo que aconteceu. Você está fazendo o que é certo, e eu também. Tenho certeza de que Marcos seria o primeiro a aprovar e estaria disposto a passar um mês lá, se puder ajudar, no final das contas, outras pessoas.

Conforme escrevi antes, pedi à minha filha Cristiana hoje para informá-lo sobre os detalhes. São desculpas que dão. Cada dia traz uma nova. A última é: "Meu chefe decidiu que ele ainda não está bem e precisa permanecer no hospital para tratamento adicional". O coronel Mello disse para minha mãe que não gostava de mim, porque fiz ameaças de levar o caso para a OEA.

Isso só demonstra o quanto ele está mal-informado. Não fiz só ameaças, mas mandei cartas para cada organização internacional, que achei que poderia ajudar.

Achei que a sua "carta formal" para as autoridades é excelente. Uma coisa é certa agora: eles não tocarão nele após toda essa publicidade.

É verdade que numa das cartas que escreveram daí para alguma autoridade ficou incluída uma outra, no mesmo envelope, sobre outra pessoa? Esta é outra desculpa que dá para retardar o processo: dossiês misturados. A outra pessoa é um "assaltante de banco e terrorista"... (era o que pensavam de Marcos, até descobrirem o contrário, tarde demais).

Mudaram de ideia sobre soltar Marcos quando ele teve novas convulsões em 22 de dezembro, mas antes eles disseram que havia um problema com São Paulo, o que não era verdade mesmo [...].

O general Galeno mostrou interesse em nos deixar ver o Marcos, e me disse que se dependesse dele somente ele já estaria em casa. Nunca mencionou sua carta, mas tenho certeza de que ajudou. Ele é muito gentil conosco.

Contudo, nenhuma visita foi permitida ainda, embora o coronel Mello tenha dito que foi concedida no dia 19 de janeiro. [...] Dizem que é a burocracia que atrasa ao passar um documento de escritório em escritório.

Bem, amigo, não perdi a coragem, mas tenho um plano para uso futuro. Não desanime! Continuem com o bom trabalho e aguardem meu telegrama que pode vir antes do que esperamos. É gratificante saber que todos vocês estão conosco. Obrigadíssima.

Capítulo 13
Desespero

Quando deixei Washington, D.C., em 19 de novembro de 1970, dei instruções à minha filha Cristiana de que, caso eu desaparecesse ou fosse presa no Brasil, ela deveria enviar uma declaração que eu havia preparado para o *Washington Post*, o Departamento de Estado, a ONU, a OEA, a Casa Branca, a Anistia Internacional e a Comissão Internacional de Juristas em Genebra.

Inspirada nos filmes de James Bond, minha imaginação hiperativa criava cenas em que eu subiria ao topo de um prédio e ameaçaria pular, a menos que meu filho fosse libertado. Ou eu imaginava os Fuzileiros Navais chegando de helicóptero à noite e invadindo a prisão hospitalar para resgatar meu filho. No entanto, nossa situação no Rio chegou ao ponto em que esses "voos da imaginação", como eu os chamava, estavam muito mais próximos da realidade do que não estavam.

Escrevi uma carta em 28 de janeiro de 1971, com a intenção de enviá-la a todas as autoridades que eu pudesse pensar, a todas as organizações internacionais relacionadas aos direitos humanos e a todas as instituições religiosas, se Marcos não fosse libertado nos próximos cinco dias:

Meu nome é Lina Penna Sattamini. Sou uma norte-americana naturalizada.

Inicio hoje uma greve de fome para salvar meu filho, Marcos Penna Sattamini de Arruda, que se encontra preso e hospitalizado desde 11 de maio de 1970, após ter sido brutalmente torturado pela Polícia do Exército em São Paulo na Operação Bandeirantes.

Tentei todos os meios considerados "certos" e "prudentes" nesse Brasil de hoje... (advogados, cartas, pistolões etc.).

Desde que cheguei ao Rio em 19 de novembro de 1970, vi meu filho apenas três vezes. A incomunicabilidade que fora quebrada por ordem do Supremo Tribunal Militar, após seis meses, voltou a vigorar no dia 8 de dezembro, após o sequestro do embaixador suíço, e durou até o dia 26 de janeiro de 1971.

Minha família e eu falamos com autoridades da Presidência da República, outras do II Exército em São Paulo e do I Exército no Rio, pedindo, suplicando, implorando a libertação do meu filho doente, baseado no fato de que ele não é culpado de nada que foi acusado [de terrorismo],[1] de que ele está incapacitado, sofrendo convulsões e traumas psicológicos. As próprias autoridades médicas do hospital militar em que esteve em São Paulo e onde está agora, no hospital militar no Rio, declararam várias vezes que, enquanto Marcos não for libertado e se sentir seguro em casa, rodeado pelo amor e o carinho da família, não ficará bem.

Soubemos por fontes oficiais e verdadeiras que Marcos está livre desde o dia 2 de dezembro de 1970. Por ordem do presidente Médici.

Novamente, os papéis de libertação foram assinados no Rio em 8 de janeiro de 1971.

---

1 [N.E.]

Até hoje, Marcos continua preso no hospital, com as mesmas restrições de visita e sem noção de quando sairá. Trata-se de um cidadão livre! Ele passou o Natal e o Ano-Novo preso, incomunicável, mas livre!

Cansei de pedir!

Agora quero trocar a liberdade de meu filho pelo meu sacrifício próprio.

Quero que Marcos seja entregue aqui na Embaixada Norte-Americana, onde me encontro, com passaporte e licença para sair do Brasil.

Vou levá-lo para os Estados Unidos, onde poderá recuperar-se em paz e voltar a ser um homem útil, produtivo e realizado, gozando do simples direito de existir.

Uma cópia desta carta está nas mãos da minha filha em Washington, D.C., e será enviada para todos os jornais norte-americanos, europeus e latino-americanos, assim como para as organizações internacionais que têm conhecimento do caso, se não cumprirem o que exijo.

Se me deixarem morrer, que venha a servir como mais uma vítima de todos os países que permitem e aplicam tortura como rotina na prisão de pessoas indefesas, por motivos políticos ou não. O Brasil principalmente, meu querido Brasil, que tanto amo e vejo sofrendo em mãos inescrupulosas.

Relembro aos pais que, como eu, estão passando as angústias e pavores de verem seus filhos estropiados pelos bárbaros torturadores, mas calam-se e esperam na humilhação que uma "justiça fantoche" decida-lhes o destino incerto, a palavra de ordem é LUTAR!

Capítulo 14
Liberdade

No dia 1 de fevereiro de 1971, três dias após o meu ultimato, na mesma hora em que eu tomava um avião no Rio para ir trabalhar em Brasília como tradutora em uma reunião da Assembleia Geral da OEA, Marcos foi libertado em frente ao Ministério do Exército, na Avenida Presidente Vargas, sem um tostão. Momentos antes de ser solto, ele foi autorizado a ligar para sua avó para avisá-la de que estava a caminho da sua casa. Ele teve uma entrevista final com o temível coronel Mello,[1] que disse que sabia que Marcos era um "subversivo irrecuperável" e que, se tivesse qualquer deslize, pagaria ele e sua mãe, que havia lhe causado tantos problemas.

---

1 Em janeiro de 1974, o coronel Ednardo d'Avila Mello foi promovido a comandante do II Exército em São Paulo, sendo exonerado do comando em janeiro de 1976, pelo presidente Ernesto Geisel, depois das mortes do jornalista Vladimir Herzog e do operário Manoel Fiel Filho, no Centro de Operações de Defesa Interna (DOI-Codi), de São Paulo, unidade sob seu comando.

Marcos temia ser sequestrado novamente ao sair, por isso o telefonema para sua avó era uma pequena garantia de segurança. Ele pegou um táxi diretamente para a casa dela, na Rua Voluntários da Pátria, em Botafogo. Ao sair do táxi, ele notou um carro que parecia ser uma ambulância policial estacionada do outro lado da rua, que só saiu depois que Marcos foi recebido pela família.

Eles me ligaram naquela noite com a notícia, e eu quase desmaiei de alegria, mas também me senti frustrada e triste, pois, após a odisseia inteira que eu estava vivendo, fiquei arrasada por não estar lá quando Marcos foi libertado, para poder pegar meu filho nos braços agora que ele finalmente estava livre.

Em Brasília, eu estava hospedada com uma amiga antiga de Washington, D.C., que também estava participando da conferência da OEA. Eu tinha uma tia morando em Brasília, mas achei que seria mais prático ficar com minha amiga, já que poderíamos ir juntas para a conferência todos os dias. Assim que voltamos para casa, após a primeira sessão da conferência, recebi um telefonema informando sobre a libertação de Marcos. Falei com Marcos e me senti exaltada e cheia de alegria! Depois, minha amiga me perguntou:

– Então, o que exatamente aconteceu com Marcos?

Comecei a contar-lhe tudo em detalhes, desde o início. Mas, antes que eu terminasse, ela se levantou e correu para o banheiro para vomitar. Fiquei tão mal, achando que ela era tão sensível que não aguentava ouvir a verdade. Ela então se desculpou e foi dormir cedo.

No dia seguinte, ela se levantou e saiu antes que eu pudesse vê-la. Tive que ir para a conferência sozinha. A mesma coisa aconteceu ao final do dia. Ela saiu antes que eu pudesse encontrá-la, e tive que achar meu próprio caminho de volta para a casa dela. Quando finalmente cheguei, ela estava sentada me esperando. Fiquei assustada com a seriedade dela e ainda mais quando ela me disse que tinha algo para dizer.

– O que aconteceu? – perguntei, em pânico. – Levaram o Marcos de novo? Ligaram? É isso que é?

– Não, sossegue – disse ela. – Por favor, sente-se.

Aí veio a notícia que eu nunca esperaria de uma amiga tão boa, de tantas aventuras, festas e convivência no exterior, de alguém que une mais as pessoas. Ela disse:

– É que eu acabei de fazer concurso para primeiro-secretário e...

Eu a interrompi, adivinhando o que era:

– Você quer que eu vá embora, não é?

– É, não posso arriscar minha carreira!

– Mas ninguém está atrás de mim. Não estou sendo perseguida pela polícia.

– Ah, mas é perigoso para mim.

Sem mais palavras, eu arrumei minha mala e fui para a casa da minha tia. Antes de sair, escrevi uma breve carta para ela, que terminava assim: "*A friend in need is a friend indeed.*" [Um amigo na hora da necessidade é um amigo de verdade.] Nunca mais nos vimos.

Enquanto eu terminava meu trabalho em Brasília, Marcos visitou o núncio apostólico no Rio.[2] Quando cheguei ao Rio, finalmente vi meu filho. Nosso encontro foi de lágrimas, emoção e alegria.

Encontrei Marcos muito deprimido, chorava à toa. Fisicamente, ele parecia bem, não mancava mais. Porém os músculos do lado direito do rosto ainda tremiam quando ele ficava nervoso.

---

2 O núncio apostólico é um representante diplomático permanente do Vaticano para um Estado ou organização internacional.

Marcos foi morar no meu apartamento no Rio, na Rua Prudente de Morais. Foi difícil esse período. Ele se recolhia ao quarto e chorava com pena dos que ficaram para trás. Se recusava a aceitar qualquer tratamento especial, como se isso pudesse ajudar aqueles que ainda estavam sofrendo.

Técio recomendou que Marcos não saísse sozinho para não correr o risco de ser sequestrado novamente sem que ninguém soubesse. Então, dediquei todas as horas do meu tempo a isso. Desde o momento em que Marcos chegou em casa, ele nunca mais teve uma convulsão. Continuava tomando o remédio. Íamos à praia todos os dias, porque era bom para ele exercitar a perna esquerda e os pés. Caminhávamos e respirávamos o ar fresco do mar, desfrutando do êxtase da liberdade e do nosso contato com a natureza. Aos poucos, seus problemas físicos desapareceram. As feridas psicológicas levaram muito mais tempo.

Comecei um trabalhinho de convencimento para que saíssemos do Brasil. No início, ele se recusou. Ele queria ficar e trabalhar para ajudar seu país. Então, supliquei que tirasse ao menos o passaporte, servindo como teste para se precisasse sair, caso quisesse. Ele resistiu inicialmente, mas finalmente cedeu, e acabou sendo fácil. Sem nenhum problema, tiraram sua foto, ele se encontrou com os policiais necessários, tudo... Isso foi um grande alívio para mim.

Levei-o para conhecer o cônsul-geral dos Estados Unidos, que havia sido tão gentil ao tentar ver Marcos no hospital. O cônsul imediatamente nos convidou para jantar. Marcos estava deprimido, não falava nada. Comeu pouco e dizia: "Olhe para esse pobre garçom explorado, trabalhando o dia todo". Mais tarde, ele disse: "Como posso comer neste ambiente quando tantos outros estão presos, às vezes comendo apenas pão e água?".

O cônsul foi muito compreensivo; ele entendeu e não disse nada. Fiquei encarregada de conduzir a conversa até que a refeição constrangedora terminasse.

Comecei a levar Marcos para diferentes médicos. Eu ia primeiro e contava ao médico o que havia acontecido com Marcos, e então saía para que o exame fosse mais confortável para ele. O primeiro neurologista que vimos – não consigo lembrar o nome dele – empalideceu quando descrevi o que havia acontecido, e ele disse:

– Minha senhora, eu nunca tratei de condições causadas por tortura! A única informação sobre casos como este está na Alemanha, nos arquivos nazistas.

Ele ficou chocado. Ele viu Marcos e prescreveu alguns remédios para suas convulsões, e recomendou que continuasse indo à praia para exercitar as pernas e os pés.

Então fui a outro médico, um famoso especialista chamado dr. Aaron Ackermann, que havia sido recomendado pelo meu cunhado. Depois de explicar a situação e apresentar Marcos, ele disse:

– Não me pergunte por que nem como ele teve essa reação de convulsões. Vamos falar apenas sobre como vamos curá-lo.

Fiquei intrigada e um pouco perplexa com esse comentário. Fizemos um eletroencefalograma, ele disse que Marcos estava bem, mas que deveria continuar tomando seus remédios por algum tempo. Ele não disse nada sobre o que poderia ter acontecido por causa de nove meses de tremores e convulsões. E fomos embora.

Por volta dessa época, decidi fazer uma festa para todos que haviam ajudado de alguma forma a libertar Marcos. Por exemplo, meu ex-chefe, que na época trabalhava na Embaixada Norte-Americana, havia vazado a informação de que a embaixada havia recebido um telegrama do Departamento de Estado ordenando que eles me ajudassem de todas as maneiras possíveis. Convidei o cônsul, nossos advogados e amigos que haviam assinado declarações sobre a saúde de Marcos. Este foi o primeiro encontro de Marcos com Técio, que estava sempre tão ocupado ajudando a salvar outras pessoas.

Durante a festa, notei que Marcos parecia monopolizar Técio em um canto da sala. Fui até lá em certo momento e disse:

– Meu filho, por que você não vai conversar com algumas das outras pessoas que também fizeram tanto por você?

Ele respondeu:

– Se você soubesse o que Técio está me dizendo, não reclamaria tanto.

Deixei-os e aguardei ansiosamente pelo fim da festa.

Quando os convidados saíram, Marcos me informou:

– Técio descobriu, por baixo dos panos, que vão me prender de novo, porque misturaram o meu dossiê com o de um assaltante de banco e terrorista. Você sabe quanto tempo vai levar para provar que sou inocente?

– Oh, meu Deus! Não vou deixar isso acontecer.

Pegamos um táxi e fomos direto para a casa de Técio. Perguntei a ele:

– Quanto tempo temos para deixar o país antes que isso aconteça?

– Oito dias – ele respondeu.

No dia seguinte, corri para o cônsul e pedi um visto para o passaporte de Marcos, que foi emitido imediatamente. O cônsul sugeriu que, assim que chegássemos a Washington, D.C., deveríamos nos encontrar com os Serviços de Imigração para trocar seu visto de estudante para permanente. Compramos as passagens de avião e, no dia 8 de maio de 1971, partimos para o aeroporto. Quase toda a nossa família estava lá, junto com muitos de nossos amigos. Sabíamos de casos em que a polícia havia entrado no avião e prendido um passageiro antes da decolagem, então todos estávamos nervosos e tensos enquanto esperávamos.

Finalmente, entre lágrimas, abraços e beijos, embarcamos no avião, e comecei a rezar para que o voo decolasse logo. De repente, o avião estava no ar!

Minha família disse que, quando o avião deixou o solo, todos pularam de alegria. Marcos estava finalmente seguro!

Esse período da nossa vida é difícil de relembrar. Quando fui para o Rio no mês de novembro, abandonei meu apartamento mobiliado, junto com todas as minhas coisas, e acabei sem um lugar para ficar em Washington. Então, quando retornei do Brasil, fui morar com minha filha e sua colega de quarto em uma casa em Arlington, Virginia.

Também abandonei meu emprego na Usaid. Ao retornar a Washington, não só tive que reaplicar para trabalhar na organização, mas também tive que esperar por uma vaga. Eu estava em uma situação financeira desesperadora.

Capítulo 15
Exílio

Carta de Marcos para minha mãe

10 de maio de 1971.

O marcador do relógio caminha para o dia 11 e cá estou eu bem longe daí, e de todo risco que ainda restava. Agora, você prometeu, é tempo de relaxar e se despreocupar de mim. Quero receber boas notícias suas, de que está mais disposta e mais tranquila. Você viu que lindo o aeroporto cheio de amigos? Sabe, eu sofri uma grande saudade de você e de todos que ali estavam. Senti a amizade de cada um que fazia o gesto de adeus, enquanto eu caminhava escada acima e desaparecia dentro do avião. Sei que todos eles acreditam na minha luta, isso me dá alegria. Por ora, ainda tenho que iniciar minha vida aqui, mas em breve começo a animar você a vir para cá.

Nossa viagem foi bela e serena, uma enorme lua cheia invadindo a janela, um sono sem interrupção até às oito da manhã. Não senti nada. Era como uma Rio-São Paulo.

Marcos já havia vivido nos Estados Unidos quando era adolescente. Ele havia recebido uma bolsa de estudos para estudar lá e concluiu o ensino médio em Chicago. Ele morou com uma família norte-americana simpática e fez muitos amigos.

A carta de Marcos continuava:

> Saltei em Nova York como se nunca tivesse saído daqui. Lindo foi voar. E que bom encontrar Tiana, linda com aquele cabelo preto, bem mais magra, rindo feito doida! A casa é gostosa e bem-arrumada, o bairro é uma beleza, nele moram brancos e pretos [é chamado um bairro integrado]. Todas as ruas têm calçadas largas, com grama e árvores, as casas com grandes jardins, arbustos e flores, tulipas, azaleias, "*dogwood*". O verde é em geral claro e suave e o conjunto que ele compõe com o Rio Potomac me dá uma sensação de paz e descanso, contrastantes com os acontecimentos de uma semana atrás (os manifestantes contra a Guerra do Vietnã cobrindo ruas e pontes, policiais acossando-os); contraste também com nossa natureza tropical, revolta, viva, agressiva.
>
> Washington é uma cidade linda, só agora a estou conhecendo como é, mergulhada na natureza. A folha que anexo a esta carta é de *brödo* ["*maple*"], árvore linda, tronco claro, que fornece açúcar e um delicioso xarope. No outono, as folhas se colorem de aurora e caem dançando, aos milhares.
>
> Estamos no começo da primavera, tudo revive e floresce, como eu próprio. Isso me faz bem. Fique alegre e tranquila. Você é uma coisa maravilhosa, preciosa para todos nós. No silêncio dessa natureza, agradeci a Deus por mim e por vocês. Mas a luta continua...

Assim, os dias foram passando. Marcos lia, dormia, passeava. O padre Colonnese organizou um piquenique em uma manhã com vários amigos. Na hora, Marcos disse que não iria porque não poderia se divertir enquanto outros sofriam. Fiquei muito chateada. Meu Deus, como podemos ser tão rudes com aqueles que fizeram tanto para nos ajudar? Depois de uma longa conversa, ele cedeu e acabou passando quase o tempo todo conversando com o padre Colonnese, que é uma grande pessoa.

Quando íamos à cidade, no carro emprestado da Sylvia, amiga da minha filha, na volta ele me perguntava:

– Mamãe, qual é o caminho? Pois já esqueci.

Com o tempo, Marcos começou a ser convidado para falar aqui e ali, em uma igreja ou em uma universidade, sobre o que aconteceu com ele e sobre o que era a ditadura no Brasil. Sempre colocavam uma cestinha onde as pessoas depositavam a quantia que quisessem para ajudar. As pessoas mostravam muita curiosidade, e, após suas palestras, sempre havia muitas perguntas e muita simpatia.

Enquanto estávamos morando perto de Washington, fomos apresentados a Pat e Liz French, que logo se tornaram queridos amigos.

Mais tarde, Marcos lembrou:

> Minha lembrança é de ter sido convidado por Marge e Tom Melville para ir com eles e almoçar na casa deste casal de grandes amigos. Foi em fins de 1971.
>
> Liz era uma grande lutadora por todas as causas, contribuindo com trabalho voluntário para várias organizações de cidadãs e cidadãos dos EUA.
>
> Pertencia à Liga Internacional de Mulheres pela Paz e Liberdade, que lutava pelas causas latino-americanas. Também trabalhava fornecendo roupas usadas em boas condições para migrantes agrícolas etc.

Durante a Guerra do Vietnã foi presa em frente à Casa Branca, deitada na rua em protesto. Razão alegada, tentativa de parar o trânsito. Chamam este "crime" de "*civil disobedience*". Como ré primária, não ficou na prisão, mas recebeu uma advertência.

Pat era economista no Banco Mundial, com profundo espírito solidário ao trabalho dela e em relação aos povos empobrecidos do Hemisfério Sul. Ambos passaram cinco anos na Etiópia, só fazendo o bem. Tornamo-nos amigos desde a primeira vista. Na primavera de 1972, ao saber que eu não tinha recursos para a matrícula do Mestrado de Economia da "American University" (primeiro trimestre), ofereceram-se para pagá-la para mim. Desde então, tendo conhecido mamãe e alguns irmãos, tornaram-se "a nossa família de Bethesda, Maryland".

Eu acrescento que nossa gratidão por tudo que fizeram por nós durante esse tempo é infinita. Eles foram verdadeiros amigos.

Carta minha para nossa família no Brasil

12 de maio de 1971.

Aqui estamos mortos de saudades de vocês, da praia, do meu apartamento e do Rio...

No entanto, só de passar por um carro de polícia aqui e não ter medo, de pensar que o Marcos pode ir aonde quiser, sem que eu me assuste achando que está demorando muito, dele se sentar em um restaurante para almoçar e falar claramente sobre tudo que se deseja, sem olhar para os lados... Isso vale todos os sacrifícios!

A viagem foi muito tranquila. Marcos dizia estar totalmente sem emoções, do que não duvido...

O clima estava ruim em Nova York. Chuva e frio. Em D.C., azul e quente. Tiana e Sylvia chorando à nossa espera.

Só vimos Marcos vibrar três vezes. Com as flores por toda parte, com uma loja de som e gravadores e com o escritório do Mike Colonnese, para o meu alívio. Havia cartazes em castelhano na parede: "Liberdade não se esmola, TOMA-SE", outro *Brasil 71*, um braço formado com as bandeiras norte-americana, francesa e inglesa e da mão, pendurado, um general brasileiro-marionete.

Espero que Marcos vá relaxando mais. Ainda contrai o rosto sem querer e considera perda de tempo bate-papo, ver TV ou andar à toa, descansando.

Capítulo 16
Protesto

Carta de Marcos para Martinha

27 de dezembro de 1971.

Você assistiu a visita do Médici pela TV? Ou pelo menos soube como foram as coisas? Eu soube que um brasileiro gritou algumas frases quando o Médici foi falar na OEA e foi transmitido ao vivo para o Brasil. Todos que estavam assistindo viram. Aqui, saiu tudo no jornal e mais alguns comentários sobre uma manifestação que durou dois dias em frente à Casa Branca, com cartazes e fotos simuladas de tortura, e depois uma peça de teatro muito bem-feita. Foi um impacto para muita gente, principalmente pelo nível sério, não panfletário da exposição.

Em Nova Iorque, houve a apresentação de um filme na TV feito por um norte-americano (Sol Landau) sobre os setenta exilados no Chile[1] e um painel de peritos discutindo a situação atual do nosso país.

---

1 Estes foram os presos políticos trocados pela libertação do embaixador suíço, que havia sido sequestrado em dezembro de 1970.

Descobrimos, no outono de 1971, que uma reunião oficial estava agendada para dezembro na Casa Branca entre o general-presidente Médici e o presidente Nixon. Então, eu, meu segundo marido (Augusto Meyer), um casal norte-americano do Comitê Contra a Repressão no Brasil e um grupo de teatro chamado "*Earth Onion*" [Cebola da Terra], decidimos planejar nossa própria recepção. Marcos também ajudou a preparar tudo, mas achou melhor não se envolver diretamente.

Tiramos fotos dele simulando as técnicas utilizadas pelos torturadores de presos políticos e usamos essas fotos na manifestação que organizamos.

Escolhemos o Parque Lafayette, que fica bem em frente à Casa Branca. Trouxemos cartazes com informações, diagramas e fotos denunciando a ditadura brasileira. Incluímos informações sobre presos políticos e preparamos uma enorme faixa que dizia: "Acabem com a cumplicidade do dólar americano com a tortura brasileira". Na época, sabíamos que os EUA não só tinham ajudado a articular e financiar o golpe militar de 1964, mas que continuavam transferindo milhões de dólares públicos em ajuda à ditadura brasileira e ao treinamento de policiais e militares latino-americanos no Panamá.[2]

Na primeira manhã da manifestação chovia um pouco. Por conta disso, o presidente Médici não entrou pela entrada dos fundos do jardim, mas foi levado de limusine até a frente da Casa Branca, perto do parque. Essa mudança deu a nós quatro (o casal norte-americano, Augusto e eu) tempo suficiente para nos postarmos na frente da limusine, amordaçados com uma pequena bandeira brasileira. Nada dissemos, só ficamos lá

2 Huggins, *Polícia e política: relações Estados Unidos / América Latina*.

parados olhando para eles. Depois que eles entraram, voltamos ao parque. Como parte das saudações iniciais, todos tiveram que esperar do lado de fora enquanto os dois hinos nacionais eram tocados. De onde estavam, podiam ver a grande faixa escancarada do lado de fora do jardim, na cara deles. Membros da imprensa fotografaram a cena inteira. Logo depois, a equipe da Casa Branca trouxe enormes divisórias verdes para bloquear sua visão de nós.

Decidimos realizar a manifestação durante a hora do almoço, já que muitas pessoas costumam almoçar no parque. Por causa do tempo, não conseguimos conversar com muitos deles, pois a maioria estava com pressa para sair da chuva. Também estava bastante frio e saímos cedo para tomar algo quente.

O sucesso veio no dia seguinte. Fez um dia bonito de sol. Penduramos as fotos e material impresso sobre a ditadura brasileira em um varal pendurado no parque. Um gravador tocava música brasileira e distribuímos folhetos informativos aos transeuntes.

Logo, duas limusines com vidros escuros chegaram e estacionaram entre nós e a Casa Branca. Pude ver que de dentro do veículo alguém estava tirando fotos nossas. Não sei se eram da CIA ou do FBI, mas todos usavam ternos escuros e chapéus. Fui até eles e lhes ofereci um panfleto, mas eles não aceitaram.

Depois de um tempo, eu me sentei para descansar um pouco e um homem se aproximou.

Ele tinha uma expressão angustiada e exclamou:

– Mas, senhora, isto é o que os nazistas faziam! Sou um judeu que sobreviveu aos campos de concentração.

Ele me mostrou o número tatuado em seu braço. Conversamos um pouco e ele nos desejou boa sorte.

De repente, um jovem chegou correndo e disse:

– Acabo de gritar "Abaixo a Ditadura!" lá na OEA!

– O quê? – exclamei. – Gente, ouçam, venham cá!

O jovem explicou que conseguiu obter um passe de imprensa e entrar na área pública da reunião. Quando o presidente Médici começou a falar, ele se levantou e gritou: "Abaixo a Ditadura!". Ele foi imediatamente levado pelos seguranças e retirado da sala. Quando viram que ele estava desarmado, mandaram ele embora. Esse jovem brasileiro, cujo nome era Peter Kami, morava nos Estados Unidos havia algum tempo e até desenvolveu um pouco de sotaque norte-americano. Ele foi bastante corajoso em fazer o que fez. Ele se tornou um grande amigo e o convidamos para uma refeição típica brasileira de arroz e feijão, da qual ele disse sentir muita falta.

Ao meio-dia do segundo dia, a peça começou. Uma jovem vestia um uniforme militar, casaco verde e chapéu de general. Outra usava uma máscara de Nixon, um paletó e uma cartola com notas de dólar coladas. Nixon se sentava em uma cadeira e dizia ao general:

– Senta aqui no colinho, senta.

O general vinha sentar-se, e Nixon perguntava:

– O que você tem feito de bom para nós lá no seu país?

O general tirou da carteira um monte de contratos.

– Ah, muito bem! E o que você fez com os subversivos?

O general segurou seu braço como uma metralhadora e disse:

– Tataratatata.

– Ótimo – dizia o norte-americano.

Enquanto isso acontecia, outra mulher deitou-se na grama ao lado. Seu corpo estava conectado a vários fios elétricos e sua boca estava amordaçada. Ela gritou de dor.

Não consegui mais assistir à cena e fui embora.

– Eu não aguento ver isso – eu disse aos outros. Não vi o final da peça. Só sei que, quando tudo acabou, todos se viraram para a Casa Branca e gritaram com os punhos no ar: "O povo unido jamais será vencido!".

Nessa noite houve um coquetel na Embaixada do Brasil. Ocorreu uma tremenda gafe. O prefeito de Washington era negro e quando quis entrar foi impedido.

No dia seguinte, um artigo no *Washington Post* afirmava que nunca houve tanta segurança para um chefe de Estado visitar Washington como para o presidente do Brasil.

Um soldado armado foi colocado em quase todos os cantos da cidade – que vergonha!

Pouco depois, nossa família no Rio nos contou que minha mãe havia ficado muito magra e frágil. Ela foi consultar vários médicos, mas eles não encontraram nada de errado com ela. Fui ao Rio visitá-la e fiquei chocada e até com medo de ver como ela estava magra. Os médicos finalmente concluíram que o estado dela era resultado de tudo o que havia acontecido, de todas as aflições e medos que ela havia vivido, além de ver o neto com a saúde tão debilitada. Eles a aconselharam a esquecer o que havia acontecido. Todos nós reagimos contra isso... Esquecer? Nunca mais!

Graças a Deus, a minha mãe voltou ao normal após alguns meses.

Carta da minha mãe para mim

9 de setembro de 1971

[...] Tiana diz que Marcos já começou a universidade e que tinha ido à primeira aula quando telefonei. Fiquei feliz. Se ele persistir pode ser que tome gosto de novo pela carreira e arranje um bom trabalho.

Carta da minha mãe para Marcos

A única coisa que eu peço e rogo a você é que não tente voltar para cá, Marcos.

Capítulo 17
Recuperação

No início, foi difícil para Marcos estudar. Ele lia e tentava estudar, mas em quinze minutos adormecia. Foi muito difícil para ele se concentrar. Um dia ele bateu com o punho na mesa e disse em meio às lágrimas:

– Eles me destruíram, mãe, não consigo nem estudar nada!

Eu dizia:

– Paciência, filho, você esteve afastado de tudo, hospitalizado sob terror, com convulsões. Você tem que treinar o cérebro de novo, aos pouquinhos, para voltar a ser o que era antes. Quando ficou com a perna paralisada, você não teve que fazer exercícios musculares para voltar ao normal? Então, agora são exercícios mentais para poder estudar e lembrar de tudo.

Com muito esforço e força de vontade, Marcos continuou seus estudos e concluiu o mestrado em economia na American University, em Washington, D.C.

Carta da minha mãe para mim:

Rio de Janeiro, 9 de outubro de 1971.

[...] Depois de tantos dias de espera, só ontem Martinha veio aqui contar o julgamento de Marcos em uma auditoria do Exército. Diz que foi uma palhaçada! O promotor não tinha nada para acusá-lo, não havia nenhuma prova de subversão contra ele etc. Arrastava a conversa e quase o declarou não culpado. Meteram o processo dele em uma organização chamada REDE, que era de terroristas. Aqueles agentes do Dops, que tomaram o depoimento dele no hospital, incluíram o depoimento dele no grupo Rede, mas o Técio provou que era tudo mentira, que ele sempre fora inocente e que o maltrataram daquele jeito e depois queriam uma desculpa para condená-lo por alguma coisa.

Disse que ele era filho de uma cidadã norte-americana e que isto ainda se tornou mais grave, pois ela estava sob contrato com o Departamento de Estado; que quase houve um problema diplomático por causa disto. Afirmou que ele era inocente e jamais pertencera a alguma organização subversiva, violenta ou não.

Diz a Martinha que ninguém piou. Só ouviram sem interrupção e no final foi absolvido por unanimidade. Foi um alívio! Pode levantar a cabeça, mas fiquem por aí, porque ainda prendem e reprendem por qualquer suspeita [...].

Enquanto isso, fazíamos de tudo para conseguir um visto permanente para Marcos.

Foi outra odisseia! Escrevo para minha mãe o seguinte:

Washington, 7 de novembro de 1971.

[...] Outra coisa que me consumiu muito tempo foi cuidar da situação do visto de Marcos. Afinal, fui falar com o homem que está substituindo o que iniciou o pedido, lá no escritório do Mike Colonnese, que está de férias. Pessoa muito mais eficiente e menos burocrática. Disse-nos que Marcos pode começar a trabalhar já, que há uma lei aqui, muito pouco conhecida e muito pouco anunciada, pela qual o país não pode devolver ninguém que se considere ameaçado na sua integridade se voltar ao país de origem.

Se for descoberto trabalhando, o que ele duvida que aconteça, terá que ir ao escritório de Imigração, jurar que não pode voltar ao Brasil e tudo estará resolvido. Responsabilizou-se pessoalmente por essa informação e mandou que déssemos o nome dele se necessário. Fiquei tranquila e Marcos tirou logo o cartão do "Social Security" e foi a vários lugares procurar emprego. Preencheu formulários e está esperando, e irá a uma agência de empregos para profissionais, tudo no campo da geologia.

Continuamos lutando e dizendo para o mundo o que o Brasil está fazendo com os presos políticos, procurando a salvação deles. Por exemplo: Marcos deu uma entrevista para o *Washington Post*. Foi uma página inteira do jornal, com um enorme retrato dele ("*close-up*"). Falou que não acredita que o Médici ignore as torturas, que já se tornaram rotina e que atingiram mais de 10 mil pessoas. Falou da situação econômica que era apresentada pela grande mídia como de grande sucesso, quando, na verdade, as grandes massas, o povo, continua na miséria. Você sabe que a teoria econômica adotada por Roberto Campos e Delfim Neto é de que se deve enriquecer muito os já ricos, até a riqueza "transbordar" e sobrar para os pobres. É a teoria de Nixon do "*trickle down*" que está tendo grandes problemas agora, por causa disso.

Quem comenta tudo isso e me esclarece não é Marcos, mas sim os norte-americanos que conheço agora, professores e políticos de alto gabarito, horrorizados com o que está ocorrendo no Brasil. Cada vez eles mais se envolvem com o caso de Marcos. Você não vê isso?

Vocês vivem sob o regime de terror e meu sonho seria ver todos da família fora daí, mas estão conformados e adormecidos de medo. Quando visitamos uma pessoa muito importante no Departamento de Estado, ele me disse:

– Você não sabe a "revolução" que causou dentro desse país e no Departamento de Estado. Nem calcula o grau e a proporção que atingiu seu movimento para salvar seu filho.

Todos acham que, se no Brasil tocassem em alguém da família, iriam passar os maiores vexames que já passaram perante o mundo, através da imprensa. O artigo de Marcos provocou uma enorme reação do público, que escreveu inúmeras cartas para a Embaixada Brasileira xingando a tortura, ao jornal *Washington Post* e ao Congresso, exigindo que parassem a ajuda econômica. Viu como foi bom? Você pensa que não influímos com uma gota d'água para o corte de verbas da Ajuda Internacional no Congresso? Ainda que eu perca meu emprego, acho que foi ótimo para que aprendam.

Por que pensa que o Médici vem aqui? Pedir dinheiro, mais dinheiro [...].

Não desista, mãe querida, nem pense, como disse em sua carta, "nada muda, nem os homens". Se fosse assim, nunca teria havido uma mudança histórica, como as independências dos países, a Revolução Francesa, a criação dos sindicatos, a Revolução Russa e a Chinesa etc.

Milhões lutam pela paz, enquanto tudo isso acontece. É uma luta econômica a que vivemos hoje, o dinheiro e os do dinheiro contra os que acreditam na melhor distribuição da riqueza (o que eu acredito possível através do voto realmente democrático), no melhor padrão de vida para todos igualmente. E a Igreja está com os últimos. Não posso ficar sentada, apática, olhando a luta, sem participar dela. Aqui, dizem que no mundo há "os que fazem" e "os que olham". Marcos e eu somos dos que fazem.

No 30 de dezembro de 1971, Marcos escreveu à família no Brasil:

> Comecei a fazer terapia de grupo no Georgetown Hospital, hora e meia por semana, pagando US$2 por sessão, até que eu tenha um emprego regular. Também vou ter uma entrevista com o neurologista nos primeiros dias de janeiro. Tenho tentado não depender de ninguém financeiramente. Às vezes, mamãe me dá algum dinheiro, mas na verdade desde que comecei a trabalhar no Latin American Bureau tornei-me quase independente. Depois disso, fiz um trabalho de redator e pesquisador, que me pagou, e tenho feito palestras que são pagas também. Vou à Costa Oeste em fevereiro, para este mesmo trabalho, e, assim que resolver o *visa*, decidirei o programa de estudo na Universidade. Provavelmente farei pesquisa na área econômica no próprio Departamento. Mas o programa de doutorado será para a primavera ou mais tarde.
>
> Não estou mais tão ansioso quanto a "perder tempo", tenho procurado relaxar um pouco e readquirir o meu velho e sólido método de vida. Também procuro fazer menos coisas, mas melhor. Isto tudo é muito importante.

Capítulo 18
Continuando a luta

Carta do Marcos para Martinha

3 de junho de 1971.

Você deve imaginar, a saudade de quem parte é redobrada, especialmente no meu caso, em que deixo tanta, tanta gente querida por um tempo indeterminado, e venho enfrentar uma situação completamente nova, com tudo e todos a descobrir e conquistar. Mas aí mesmo é que se esconde a riqueza desta nova etapa da minha vida. Tenho conseguido fazer opções que significam sempre uma desinstalação, um enfrentamento, um constante renascimento.

Há três dias o Mike [Colonnese] chegou. Há três dias estou trabalhando com ele, algo de grande importância e de grande alcance. O Mike é um sujeito tão franco, direto, transparente e sensível que já somos velhos conhecidos, há três dias. Ele é uma pessoa preciosa, verdadeiramente desligada dos interesses individuais e com a vida posta a serviço do povo daqui e de todo canto. Por isso é que ele é amado e respeitado em tantos países, perseguido por grupos em outros, proibido de entrar no nosso.

Para o pesar de todos nós, Mike foi retirado da direção do Escritório para a América Latina da Conferência Católica de Bispos dos EUA.

– Minha ideologia é avançada demais para a Conferência dos Bispos dos EUA – disse Mike ao *Washington Post*, em 7 de setembro de 1971.

Carta do Marcos para Martinha

Washington, D.C., 13 de julho de 1971.

Hoje estou com um clima interior dolorido e sofrido, pois vi o filme do pessoal no Chile.[1] Vi meu querido amigo Neném, e ele falou de mim com um sentimento que me emocionou. Mas é tudo tão triste e distante de um fim ainda, que fico com aquela ameaça de chorar, não sei como vai sair de mim essa energia que agora se acumula.

Mas tenho estado bem. O trabalho aumenta de tamanho e importância, me sinto funcionando de novo, aos poucos a minha capacidade criativa retorna e as coisas melhoram.

Carta do Marcos para Martinha

Washington, D.C., 17 de julho de 1971.

Fiz uma rápida viagem à Europa, com alguns bons resultados. Vi algumas coisas maravilhosas e senti de novo o calor de alguns velhos amigos.

Aqui a vida continua, aos poucos tomando um sentido mais concreto e positivo.

1 Wexler, Saul, *Brazil: A Report on Torture*.

Não é fácil a gente estar assim por si só num terrão desses, mas vou achar pessoas boas. Aos poucos começam a se delinear algumas coisas que animam.

Carta do Marcos para Martinha

Quebec, 20 de setembro de 1971.

Viva! Mamãe me telefonou de Wisconsin agora há pouco, para dizer que fui absolvido e que vocês estavam felizes aí.

Tenho tanto que agradecer a você e a todos aí, por tudo que vocês têm feito por mim. Pode parecer que de longe a gente fica meio desligado, mas não, eu imagino todos os esforços, preocupações, expectativas e despesas que vocês têm feito por mim e minha gratidão não tem limites.

Você sabe o quanto eu gostaria de estar aí junto de vocês e neste nosso país tão querido, mas, para o meu bem, para a tranquilidade de todos nós e para poder ser mais útil no futuro, estou aqui bem longe e procuro aproveitar o mais possível as ricas experiências que tenho vivido. Dê um abraço grande em cada pessoa que viveu e participou do meu processo.

Com a saída do Mike do Escritório para a América Latina, terminei um trabalho importante que estava fazendo lá e decidi vir para cá [Quebec]. Cada grupo de amigos prontificou-se a financiar minha viagem e estadia num destes lugares (Califórnia também).

Imagine que, quando cheguei de ônibus às 11h30 da noite na fronteira com o Canadá, me barraram a entrada no país. Não pense em nada muito sério. A causa era ridícula, quem me atendeu foi um funcionário velho e mal-humorado que começou a fazer mil perguntas sobre a razão da minha viagem, quanto tempo ia ficar lá, nos EUA, para quê, morando onde etc. Até que me perguntou se tinha passagem de volta para os EUA. Respondi que tentei comprar, mas a companhia de ônibus sugeriu, como eu iria de Quebec para a Califórnia, que comprasse a passagem lá mesmo. Continuou a perguntar se eu tinha passagem de volta para o Brasil. Disse que não, já estava chateado e desavisadamente disse que pensava tornar-me residente nos EUA.

Imediatamente, o cretino disse que eu não podia entrar no Canadá, que minha intenção invalidava os papéis de simples turista. Fiquei danado e como não entendia tal raciocínio, bronqueei fortemente, sem sucesso.

De volta a Nova York, telefonei para meus amigos daqui que me explicaram que o Canadá tem problema de desemprego e faz tudo para evitar a entrada de imigrantes.

Tomei outro ônibus e segui para Buffalo e Toronto (em vez de Montreal), Niágara Falls e Toronto. Tudo correu bem e cheguei a Quebec. Existe aqui um pessoal excelente que trabalha intensamente pelo Brasil (Comité Solidarité Brésil). Estive em um Congresso sobre América Latina promovido pelo Centre Québécois de Relations Internationales, bem interessante.

Carta do Marcos para Martinha

Washington, D.C., 21 de outubro de 1971.

Estou numa luta danada para conseguir o célebre visto de imigrante, e agora, depois de exigências mil (como arranjar uma oferta de emprego como geólogo), veio a mil e uma – já não aguento essa demora e burocracia. Querem o certificado da Escola de Geologia, com todas as matérias e notas de cada um dos cursos que fiz. A urgência é extrema porque querem isso para o fim de outubro, no máximo!

Estou estudando bastante. O pessoal do Latin America Bureau (LAB) está bem passivo, em termos de ajuda a mim. Parece que têm a política do "deixa andar". Estou tentando uma bolsa de estudos que financie um curso de mestrado numa universidade e me permita trabalhar no que interessa, mas não está fácil.

Quanto à minha saúde, eu vejo um pouco da preocupação da mamãe como justa. Estou tomando o novo remédio que o médico receitou. A princípio aumentei a dose – porque ele mandou – para três pílulas por dia, mas isso me deu um cansaço e prostração tal que tive que diminuir para duas. Agora estou bem. A análise está sendo adiada em vista das viagens que terminam no fim de novembro.

E assim ia correndo o nosso primeiro ano de liberdade, com muita luta financeira e para conseguir o visto permanente de Marcos.

Eu viajava sem parar, com a ajuda dos meus "chefes", como chamávamos as pessoas que nos contratavam como "*freelance*" [intérpretes]. Eles sabiam de nossa situação e me davam grupos para eu acompanhar sozinha como intérprete, a fim de ganhar hora extra e sair do buraco em que nos encontrávamos, vivendo na casa de minha filha e de sua colega, que compartilhava das despesas. Para nós, era uma situação embaraçosa.

Carta minha para o senador Ted Kennedy

Washington, D.C., 1972.

Prezado senador Kennedy,

Envio em anexo documentos que lhe farão compreender a luta que meu filho e minha família estão atravessando, desde o ano passado, no Brasil e agora aqui.

Depois de muito batalhar, de muitas lágrimas, humilhação e dor, ele foi libertado no dia 1° de fevereiro de 1971 e em maio conseguimos sair do Brasil.

Estamos sendo ajudados todos esses meses pelo Escritório da América Latina da Conferência dos Bispos Católicos dos EUA. Contudo, quando se trata do problema do visto, não há muito que eles possam fazer.

Temos que encontrar uma maneira de que lhe deem um contrato de trabalho (nada fácil para um estrangeiro), e ele possa obter o visto de residente que lhe daria o direito de trabalhar. Mesmo assim, levaria de quatorze a dezesseis meses para o processamento destes papéis.

Sei que o senhor é o presidente da Comissão de Refugiados, por isso é que venho pedir-lhe ajuda.

Como pode um homem de 30 anos recuperar-se de tamanho sofrimento e crueldade se não tiver permissão para trabalhar, por dois anos quase e quem sabe quantos mais?

O fato de que sou uma cidadã norte-americana não faz nenhuma diferença, porque ele tem mais de 21 anos, o que me parece tão injusto.

Portanto, venho suplicar-lhe ajuda e interesse. Sei que os senadores podem propor a concessão de vistos de residência para casos especiais. O senhor faria isso por nós? Se precisar de mais informações, por favor, Marcos estará no seguinte endereço [...].

Ele necessita de assistência médica, mas tem condições para trabalhar. É muito humilhante na sua idade ter que depender da mãe para a menor despesa que seja.

Tenho certeza de que compreenderá com compaixão a nossa causa, que é muito mais de natureza psicológica do que econômica.

Portanto, gostaria de agradecer-lhe desde já pela sua cooperação e dedicada atenção, demonstrando nossa gratidão de todas as maneiras possíveis.

Sinceramente,

Lina.

Anexei todos os documentos e cartas pertinentes. Nunca recebi a menor resposta ou telefonema. Que decepção!

Passamos outro Natal longe dos queridos do Rio.

Continuamos a coletar todas as notícias que saíam sobre o Brasil, os presos políticos e a continuação das torturas. Ouvíamos histórias fantásticas, como a de que, quando Pelé foi jogar na França, à proporção que corriam no gramado, bombinhas estouravam, abrindo espaço no capim e escrevendo "Abaixo a Ditadura!".

Mamãe diz a Marcos em uma das suas cartas:

> Você deve ter lido no *Jornal do Brasil* a sua absolvição em segunda instância, lá em São Paulo. Mas, mesmo assim, não poderá voltar, pois seus discursos, entrevistas e cartas do exterior têm causado um impacto.

O Técio nos escreve:

> Rio, 6 de junho de 1972.
>
> Prezados Lina e Augusto,
>
> Remeto para vocês o resultado do nosso trabalho. A apelação do processo de Marcos já está julgada, confirmada a absolvição unanimemente. Missão cumprida!
>
> Seguem as publicações oficiais para seus arquivos implacáveis!
>
> Há meses e meses que não vejo um representante da família aqui no Rio. Nem tenho recebido notícias daí.
>
> Abracem o Marcos por mim e digam-lhe para escrever.
>
> Abraços do Técio.

Foi grande o alívio, celebramos com vinho, mas no fundo do coração ficava a tristeza da volta impossível ao Brasil. Eu, na verdade, não queria voltar enquanto houvesse ditadura, mas os filhos não tinham a mesma visão. Por mais que eu pedisse "Venham para cá, terão muitas oportunidades que não têm aí, e estarão livres do medo e da repressão...", nada!

Nossa luta pelo visto continuava, e Marcos escreveu para o Serviço de Imigração:

Washington, D.C., 17 de maio de 1972.
Mr. Sewell
Immigration and Naturalization Service
United States Department of Justice

Prezado Senhor,

Pediram-me para escrever uma declaração explicando, em detalhe, por que eu acho que seria perseguido se retornasse ao meu país de origem.

Após pensar muito em como apresentar meu caso o mais claramente possível, e de examinar muitos documentos em minha posse, resolvi que os que estou incluindo serão mais do que suficientes para comprovar o que alego. Eu teria muitos outros documentos para apresentar-lhe a respeito da atual situação do Brasil e do tratamento que é dado àqueles que de qualquer forma demonstram desacordo, seja em ideias ou atos do regime autoritário que está dominando o nosso país, que se impôs aos cidadãos brasileiros desde 1964. Mas decidi escolher os documentos que melhor expressem minha provação e que justifiquem minha esperança de assim ser aceito neste país, onde, com base nas suas tradições democráticas, há diálogo e direito de opinião, e o povo pode lutar por seus direitos de igualdade e oportunidades.

Esses são os três preciosos valores da minha vida. Poderia mesmo dizer que são a base de meus pensamentos e ideais.

Os dois primeiros documentos relatam a correspondência que minha mãe e eu enviamos ao Santo Padre. Eles representam uma prova tão forte que mereceram ser publicados nos Anais do Senado Norte-Americano.

O segundo é uma entrevista para o *Washington Post*, de setembro de 1971, e o último é um artigo muito recente sobre o tratamento bárbaro infligido aos que são presos indiscriminadamente, que continua sem alívio; e, contando o "outro lado" da minha história, isto é, o testemunho da mulher que escreveu esta carta e que vi pela última vez na ocasião descrita por ela.

Gostaria de acrescentar que tem havido casos em que muitas pessoas, por causa de sua coragem e honestidade de falar a verdade sobre os tormentos sofridos nas mãos dos militares brasileiros e da polícia, e que pedem apoio internacional para que ponham fim a tais atrocidades, são presas novamente, perseguidas, maltratadas e até mortas ao voltarem para o meu querido e sofrido país.

Estou sob tratamento médico e tenho que me recuperar completamente para que possa tornar-me um bom e produtivo cidadão. Tenho certeza de que lá não encontraria condições apropriadas para isso, e temo não conseguir sequer continuar vivo em meu país. Por esta razão espero sua compreensão e solidariedade humana. Minha mãe, que é uma cidadã norte-americana, garante que em hipótese alguma serei um fardo para este país.

Sinceramente,

Marcos Arruda

O Marcos continuou fazendo trabalho político sobre a situação no Brasil, que incluiu uma viagem ao México. Isso assustou minha mãe.

Carta da minha mãe para mim

Rio, 9 de julho de 1972.

Já recebi um cartão de Marcos do México. Está adorando tudo e até me pediu para mandar livros. Eu me pergunto, com visto de estudante, perde o outro, de refugiado político? Tenho verdadeiro pavor de que ele dê na loucura de voltar. Nada pior que isso para acabar comigo. Está tudo igual e a toda hora a gente está sabendo de gente "doente, hospitalizada"!

Capítulo 19
Outra mártir da ditadura

Com o meu trabalho, eu estava constantemente viajando para Nova York com pequenos grupos de dignitários visitantes. Um dia, recebi uma ligação em casa, em Washington, de uma velha amiga, Zuzu Angel, uma estilista internacionalmente conhecida. Ela me pediu para encontrá-la no Hotel Gotham, onde estava hospedada, na próxima vez que estivesse em Nova York. E assim fiz.

Tivemos uma longa conversa, e ela queria saber o que eu havia feito para conseguir a libertação de Marcos da prisão. Ela disse que, no caso dela, todos os esforços para ajudar seu filho, que também havia sido preso pela polícia política, foram em vão, incluindo cartas do pai norte-americano dele e pedidos de pessoas influentes. Eu contei a ela em detalhes o que eu tinha feito, embora tivesse ouvido dizer que seu filho talvez já estivesse morto.

Disseram que um de seus colegas de cela viu, através das grades de uma janela alta, quando ele foi retirado da prisão e depois arrastado atrás de um jipe com a boca amarrada ao escapamento.

Dizem que o motorista era o brigadeiro Burnier. Coitada da Zuzu! Que horror insuportável!

Finalmente, tomei coragem e disse a ela:

– Zuzu, por que você não pode aceitar a possibilidade de que ele já esteja morto? Se você não foi autorizada a vê-lo e ninguém recebeu notícias dele, em que você tem esperança?

Ela respondeu:

– Só acreditarei que ele está morto quando eu vir o corpo dele. Não aceitarei mentiras ou hipóteses.

Infelizmente, nunca mais nos vimos. Recebi apenas uma carta dela, mas meu estilo de vida cigano me levou para longe, e só depois fiquei sabendo do que aconteceu em Nova York.

Para conscientizar o público sobre seu filho e a situação política no Brasil, Zuzu organizou um desfile de moda no consulado brasileiro. Uma das modelos que participou era filha do prefeito John Lindsey. Zuzu se vestiu toda de preto, com um véu sobre o rosto e uma enorme corrente de prata em volta do pescoço, da qual pendia um grande anjo de prata. No meio do desfile, sua filha, que toca guitarra, cantou uma música para seu irmão desaparecido. Toda a elite de Nova York estava presente, já que Zuzu fazia roupas para todos eles. Alguns de seus *designs* de moda eram bordados com imagens de pássaros presos em gaiolas, chapéus de generais, rifles e tanques.

Esse desfile de moda política foi um grande sucesso e teve repercussões significativas nos jornais e na TV. Na verdade, foi assistindo televisão que fiquei sabendo dele. Fiquei tão feliz por Zuzu e pensei: "É assim mesmo, minha corajosa Zuzu, manda brasa...".

Mais tarde, fiquei sabendo que quando o [ministro de Relações Exteriores dos Estados Unidos] Henry Kissinger veio ao

Brasil, Zuzu conseguiu passar pela segurança e ficou esperando por ele em um corredor do hotel até poder entregar-lhe um arquivo sobre a prisão e a tortura de seu filho Stuart.

Admiro e respeito muito a luta que Zuzu enfrentou, e lamento não ter podido ajudá-la mais. Mais tarde, fiquei sabendo sobre as circunstâncias suspeitas de sua morte em 1976, que muitos pensam ter sido um assassinato. Considerando o quanto ela era franca, é totalmente possível.

Espero que você esteja com seu filho agora, Zuzu, em paz.

Capítulo 20
Na busca de um visto permanente

Nós tivemos que lutar não apenas para obter um *green card* (visto permanente) para Marcos, mas também para renovar seu passaporte, quando expirou. A imprensa de vários países continuava a publicar nossa história, e ela até foi destaque em livros, como *Hidden Terrors*, escrito por A. J. Langguth, sobre o apoio do governo dos EUA à polícia brasileira. Em uma parte do livro sobre Dan Mitrione, funcionário da Usaid, que havia sido enviado ao Brasil, e depois ao Uruguai, para "aconselhar" a polícia, Langguth escreveu:

> Quando um grupo de cientistas formados foram do Rio para Minas Gerais, Dan Mitrione, da CIA, já estava se esforçando para "melhorar" a polícia de Belo Horizonte. Os estudantes formaram uma espécie de comissão consultiva: eles queriam encontrar maneiras de fazer os depósitos de minério de ferro daquele estado, os maiores do mundo, se transformarem em ricos ganhos para o Brasil.
>
> Um membro do grupo era um estudante de baixa estatura, de rosto redondo e cabelos crespos, chamado Marcos Arruda. Estudava

na escola de geologia da Universidade do Rio de Janeiro. Marcos não parecia revolucionário nem mártir, e certamente durante os anos do governo Goulart, seu questionamento da ordem social no Brasil foi uma tentativa muito respeitável.[1]

Em seu livro, Langguth descreve em detalhes o tormento de Marcos em um capítulo chamado "A verdade sobre as operações da polícia norte-americana na América Latina".

Marcos comentou em uma carta para minha mãe, datada de 3 de novembro de 1978:

> O autor do livro *Hidden Terrors* me entrevistou longamente há mais de três anos. Todo o meu trabalho de denúncias das torturas e a opressão contra o nosso povo, enquanto estive nos Estados Unidos, referiu-se ao período do [presidente] Médici. A última aparição pública que fiz foi em um programa nacional de televisão em 1974, onde eu dizia que os brasileiros tinham esperança de que o general Geisel, ao contrário dos outros presidentes, fosse cumprir sua promessa de permitir a redemocratização do país e o fim das torturas e arbítrios contra o povo.
>
> As duas listas da Embaixada do Brasil em Washington em que constam meu nome datam uma de 1973 e outra de 1975.

Eu havia sido informada por um amigo que trabalhava na embaixada de que o nome de Marcos nessas listas significava que Marcos poderia ser preso ou morto até mesmo no aeroporto, ao chegar, por ter se manifestado fora do país contra a ditadura do Brasil.

---

1 Langguth, *Hidden Terrors*, p.80.

A carta continuou:

> Ontem estive com um amigo que voltou daí [Brasil] e que sugeriu que é muito mais tranquilo eu chegar em Viracopos do que no Rio, pois o sistema repressivo praticamente autônomo que existia lá foi desmantelado depois do escândalo do assassinato de Vladimir Herzog e Manoel Fiel Filho.[2]

Nessa época, já estávamos considerando uma visita de Marcos ao Brasil, mas muita água passou por baixo da ponte antes que isso fosse possível.

Em 19 de fevereiro de 1974, Marcos escreveu de Washington para o reverendo William Wipfler, do Grupo de Trabalho da América Latina do Conselho Nacional de Igrejas Cristãs na Cidade de Nova York:

> Como você sabe, não posso voltar ao Brasil sem correr risco de vida. Estou nos Estados Unidos, primeiro como turista e depois como estudante, por cerca de três anos já. Como tenho passaporte brasileiro, seria tolice pensar em pedir asilo político, porque automaticamente eu perderia ambos, a cidadania e o passaporte; então, eu não poderia sair do país e voltar. Assim sendo, a maneira mais adequada para resolver

---

2 Vladimir Herzog (1937-1975) foi um jornalista e membro do Partido Comunista Brasileiro que foi preso, torturado e assassinado pelo DOI-Codi, no Rio de Janeiro, em outubro de 1975. A polícia política encenou um enforcamento falso para alegar que ele havia cometido suicídio. Manoel Fiel Filho (1927-1976), um militante do Partido Comunista, foi preso e morto sob tortura em janeiro de 1976. Mais uma vez a polícia política alegou que ele havia cometido suicídio com suas meias. Em decorrência dessas duas mortes, o presidente Geisel substituiu o general Ednardo d'Avila Mello, chefe do II Exército, responsável por supervisionar a segurança em São Paulo.

meu problema, já que minha mãe também é cidadã norte-americana, é tentar obter um visto de imigração para mim.

Na primeira vez que eu pedi um visto permanente como geólogo, meu pedido foi rejeitado porque os EUA não precisam de geólogos. Com a ajuda de um advogado tenho, então, explorado outras possibilidades.

Elas são três:

1) Conseguir que um senador introduza um projeto de lei pedindo que me concedam um visto. (O advogado diz que em 40% das vezes eles aprovam.) Se isso for feito, automaticamente perco meu visto de estudante e fico no "limbo" até que ele seja votado, e, se for, terei que deixar o país imediatamente para receber o visto em um consulado norte-americano qualquer.

2) Casar-me com uma norte-americana. Isso, além de envolver muitos problemas, é arriscado.

3) Conseguir uma oferta de trabalho que seja muito convincente, apresentando-me como uma pessoa altamente qualificada e especializada para preencher uma vaga em alguma instituição. Já conversamos sobre isso. Acho que é o momento oportuno agora. O sr. poderia explorar a possibilidade de o Grupo de Trabalho da América Latina ou o próprio Conselho Nacional de Igrejas Cristãs preencher o formulário pedindo visto de residente para mim, explicando que precisam de um perito em América Latina?

Carta do escritório de advocacia David, Carliner e Gordon para Marcos

7 de setembro de 1976.

Sua ocupação principal parece ser a de economista e não será considerada como necessária neste país pela Administração de Emprego e Treinamento, que é quem aprova os certificados de estrangeiros procurando trabalho aqui. Contudo, como sua especialização é em Desenvolvimento na América Latina, e tem ainda a qualificação de ser geólogo, talvez seja possível conseguir um trabalho com essa combinação de experiências, o que possibilitará a obtenção do certificado de emprego para estrangeiros [...].

Enquanto isso, como você já tem um visto de estudante F-1, poderá entrar e sair do país enquanto estiver cursando seu doutorado em Filosofia.

Carta de minha mãe para mim

11 de maio de 1976.

Não tenho esperança de que você venha morar no Brasil. A vida aqui está um absurdo. No começo deste governo tive esperança, mas agora não tenho mais [...].

Depois do gesto de demitir o comandante do II Exército por causa da morte daquele jornalista, e do fechamento da Oban, que hoje é o DOI [Departamento de Operações Internas do Exército], todo o mundo ficou achando que ia melhorar, mas, de repente, surgiu tanta prisão etc., que estamos desanimadas.

E a luta continuou...

Marcos estudou várias possibilidades de como renovar seu passaporte brasileiro e considerou escrever para o Brasil pedindo a Técio que o ajudasse. Ele tinha vários amigos que haviam enviado seus passaportes para Genebra, mas depois de seis meses ainda não tinham ouvido nada. Marcos até pensou em tentar se tornar cidadão da Guiné-Bissau, ou pedir asilo à Suíça, onde havia morado e trabalhado, ou ainda pedir asilo aqui nos Estados Unidos. Havia até a remota possibilidade de ele receber cidadania italiana alegando ser bisneto de um italiano chamado Sattamini.

Finalmente, após muitos trabalhos, Marcos recebeu a seguinte carta:

Senado dos Estados Unidos, 3 de janeiro de 1977.

Caro sr. Arruda:

Desde a nossa última correspondência, em fevereiro de 1976, sobre seus problemas de imigração, houve uma mudança nas leis de imigração.

No dia 1º de janeiro de 1977, uma nova lei de imigração entrou em vigor, que elimina a exclusão de pessoas do Hemisfério Ocidental do sistema de preferências. Sob o sistema de preferências, todos os vistos sujeitos a cotas são primeiramente emitidos para filhos solteiros ou filhas de cidadãos norte-americanos. Não há exigência de que os filhos solteiros tenham menos de 21 anos.

Se você ainda deseja se tornar um residente permanente, sugiro que apresente um pedido ao consulado na Suíça com uma observação de que você agora se qualifica para um visto de imigração de primeira preferência.

Nosso escritório fará tudo o que pudermos para ajudar a acelerar o processo assim que o pedido for apresentado.

Atenciosamente,

Linda Jacobson

Conselheira Assistente

Durante os longos anos de espera, orações e esforços constantes para mudar a situação de Marcos para uma de maior segurança e estabilidade, nada nos agradou mais nem nos deixou mais felizes do que a maravilhosa notícia dessa mudança na lei de imigração. Deus estava certamente conosco!

Marcos apresentou o pedido apropriado, e, em 26 de abril de 1977, recebi o seguinte memorando dos Serviços de Imigração:

> Seu pedido para classificar o status de um parente estrangeiro para emissão de um visto de imigrante foi recebido.
>
> Este escritório está enfrentando atrasos no processamento de todos os pedidos. Para evitar um atraso adicional no processamento de sua inscrição, por favor, não telefone nem escreva para perguntar sobre sua inscrição enquanto seu caso estiver pendente.
>
> No entanto, se você mudar de endereço, por favor, notifique este escritório por correio, referindo-se ao número de arquivo acima.
>
> Atenciosamente,
>
> Joseph A. Mongiello
>
> Diretor de Distrito

Carta de Marcos para mim

Genebra, 22 de abril de 1977.

[...] Eu queria te contar como está a questão do meu passaporte. Fui levá-lo ao consulado junto com todos os documentos exigidos (alistamento, título de eleitor e identidade) mais fotos. Preenchi os formulários necessários, e eles me disseram que eu deveria voltar no dia 22 para recebê-lo. Isso se deu no dia 18.

Hoje fui lá novamente e o passaporte ainda estava lá e não havia sido renovado. Perguntei por que, e eles disseram que eu falasse com o cônsul. Esperei duas horas até que acabasse uma reunião. Afinal, falei com ele. Foi muito simpático, deu-me uma declaração de que o passaporte está no consulado para renovação (preciso deste documento para mostrar à Polícia de Imigração [*Contrôle de l'Habitant*], e disse que tiveram de consultar Brasília por telegrama, uma vez que meu passaporte é uma segunda via. Mas ele acha que dentro de "três a quatro semanas" terei uma resposta de lá.

Ora, isto é, de fato, um tempo longuíssimo de espera, mas vou esperar. No entanto, o certo é que a consulta a Brasília é uma questão de segurança. Portanto, agora tudo está com o Serviço Nacional de Inteligência [...].

Capítulo 21
Voltando pra casa

Carta do Marcos para minha mãe

Nova Iorque, 5 de abril de 1977.

Você bem que tinha razão! Sente-se para não cair. Esta manhã fui ao consulado receber o meu passaporte já renovado. Agradeço a quem interveio, e ficaremos tranquilos até 1979. Ufa! É impressionante como continua a perseguição de nossa gente no exterior: Há poucos anos a lista de nomes das embaixadas constava de duas folhas, hoje estão contidas em cinco livros! Pode?

Dizem por aí que o país está em um caos incrível. Algo deve acontecer em breve. Imagine que 56 coronéis fizeram um documento dizendo que subversão no país já não há, mas sim um desejo autêntico de democracia, e que a democratização é o meio de superar as crises que se avolumam etc. É um grupo anticomunista da Vila Militar, mas que estão também revoltados com o totalitarismo atual e mais as crises insuperáveis que assaltam o país [...]. Mas isto está sendo discutido ainda em círculos fechados e enquanto o general Silvio Frota, Armando Falcão e outros pedem a cassação de sessenta congressistas [...]. E o Esquadrão da Morte continua matando e esfolando, ao pé da letra, impunemente!

Carta do Marcos para minha mãe

19 de novembro de 1978.

Decidi transferir minha ida para o fim de janeiro, quando terei terminado o trabalho na África. Parece que isso coincide com a opinião do Técio de que não devo ir em dezembro. Combinei com a mamãe que vou para os EUA dia 16/12 e fico lá para o Natal. Ela vai de lá para o Rio, no início do ano e eu iria de Dakar dia 25/01 mais ou menos, e ficaria até 17/02/1979.

Com isso, dou tempo também para que vocês preparem os papéis para que eu tire novo passaporte. Creio que é o Técio que o fará ou um despachante a serviço dele.

À medida que se aproximava o momento do primeiro retorno de Marcos ao Brasil, nossa preocupação aumentava. Havíamos ouvido várias estórias de pessoas que haviam sido assassinadas pouco depois de sua chegada ao Brasil, ou que haviam sido presas de novo etc. Mas o conselho do Técio era seguro, e como ele dizia que Marcos podia vir, nós concordamos.

Finalmente, o grande dia chegou! Marcos trabalhava como consultor econômico do Conselho Mundial de Igrejas. Muitos outros exilados já haviam retornado e agora era a nossa vez. Além de todos os preparativos que fizemos em termos de alimentação e arrumação da casa, fizemos outros planos com o Marcos por meio de cartas. Por exemplo, planejamos que ele usasse uma camisa vermelha brilhante para que os comissários pudessem lembrar mais facilmente de sua aparência ou pelo menos da cor. Ao chegar ao Rio, ele disse a uma comissária da Swissair que tinha familiares esperando por ele e que, caso fosse detido, por favor avisasse à mãe dele que esperava com mais gente na porta de saída.

Tudo ocorreu como planejado, e éramos cerca de oitenta pessoas esperando por ele no Aeroporto do Galeão. Técio havia recomendado que, pelo bem do Marcos, não déssemos entrevistas. Estavam presentes muitos repórteres, além de um grupo de mulheres que eram mães de exilados. A imprensa fez muitas perguntas e eu reduzi ao mínimo as respostas, embora estivesse morrendo de vontade de abrir a boca e contar a história toda. Agradeci à imprensa pela colaboração ao longo dos anos e disse apenas que o Marcos veio passar férias e ficaria pouco tempo.

O advogado Modesto da Silveira, que mais tarde se tornou deputado federal, estava lá e conseguiu entrar na área de imigração e alfândega para esperar Marcos pessoalmente. Que alívio!

Quando vi os comissários saindo, perguntei pelo Marcos, e um deles disse que ele havia sido detido, mas que estava lá com um advogado.

Do lado de fora, por trás dos vidros, víamos o Modesto com o braço nas costas do policial da Imigração, andando para lá e para cá, convencendo-o de que Marcos era inocente, que não via a família havia oito anos, que iria logo para casa, e que, se quisessem interrogá-lo, que marcassem o dia, ele próprio iria levá-lo aonde quer que fosse. Tudo isso levou três longas horas de agonia para todos nós.

O aeroporto estava sob total controle policial. Isolaram Marcos em uma sala e fizeram um sem-número de perguntas e algumas ameaças.

Revistaram minuciosamente sua bagagem, dizendo que ele podia ser "pombo-correio da subversão do exterior".

Sequestraram livros, dispositivos e discos que ele trazia consigo para a família. Após toda essa expectativa, lá veio ele para os nossos braços felizes e cheios de alegria!

A imprensa não compreendeu o pedido do Técio para não darmos entrevistas, nem fazermos declarações detalhadas naquele momento, para evitar perseguições enquanto ele estivesse no Brasil. Fomos muito criticados nos jornais.

Ao sairmos do aeroporto, vim no carro com Marcos e Técio, com meu genro dirigindo. Técio foi logo perguntando: – Marcos, você veio para denunciar ou para ficar com a família de férias mesmo?

Marcos disse: – Vim para ficar com a família e descansar.

– Ótimo – falou Técio. – Agora é seguir meus conselhos. Nunca saia sozinho. Evite contato com pessoas consideradas suspeitas "por eles", nem saia do Rio e tudo correrá bem.

Assim foi. Eu fiquei a maior parte do tempo de acompanhante, na praia, na rua, nas visitas e em um dos interrogatórios.

Marcos descreveu-me o primeiro interrogatório, a que compareceu por intimação, dias depois da chegada. Seguiu com o pai e com Modesto da Silveira. Não posso descrever como ocorreu, mas lembro-me dos comentários de Marcos ao sair:

> – O homem era um imbecil, sem cultura. Perguntou-me detalhes da minha vida desde que saí do Brasil. Coisas como:
>
> – Que jornais lia nos EUA?
>
> – O *Washington Post*, *Le Monde* etc.
>
> O interrogador, furioso, respondeu:
>
> – Como pode ler *Le Monde* nos EUA se é um jornal francês?
>
> Marcos disse:
>
> – Eles importam jornais estrangeiros, sabia?

Era demais!

A segunda vez que ele foi interrogado foi na Praça Mauá, um edifício rosa da Polícia Federal. Esperamos pouco tempo. Marcos entrou em uma sala e deixou a porta aberta. Eu, sentada em frente, só via as pernas cruzadas de Marcos e do interrogador frente a ele, os pés balançando.

Marcos disse que ele era jovem, delicado, e quase demonstrou inveja das oportunidades de Marcos no exterior. Ele fez perguntas sobre:

1. Saída do Brasil e detalhes da chegada.

2. Vida no estrangeiro e trabalhos executados.

3. Endereço de moradias.

4. Ideologia.

Pergunta: "É marxista? O que pensa do marxismo?"

Resposta: "É um instrumento útil de análise da história, mas tenho restrições quanto às suas bases filosóficas."

O interrogador anotava tudo.

5. Pergunta: "O que pensa da realidade brasileira nos seus aspectos sociais, econômicos e políticos?"

Resposta: "Nada penso, pois estou fora há anos."

Escreveu o interrogador falando alto: "Que não tem opinião sobre os aspectos sociais, políticos e econômicos, visto estar fora do país há muito tempo."

6. Pergunta: "Acha que o Brasil deve continuar vinculado ao Ocidente ou favorece a equidistância diante da bipolaridade que existe no mundo de hoje?"

Resposta: "Equidistância."

7. Pergunta: "Prisões: quantas vezes e quais as datas."

Resposta: "Apenas na Oban."

8. Pergunta: "Lia o *Le Monde* e escrevia algo contra o Brasil? Onde?"

9. Pergunta: "Foi da JUC [Juventude Universitário Católico]?"

Resposta: "Sim, como estudante."

10. Pergunta: "Conhece Ricardo Zaratini Filho?"

Resposta: "Não."

Pergunta: "Conhece Francisco Batista Duarte?" Ele falou que foi convidado ao Diretório Acadêmico por Marcos.

Resposta: "Sim, no tempo da universidade."

11. Pergunta: "Os jornais criticam o governo brasileiro no exterior?"

Resposta: "Sim, o *New York Times*, o *Washington Post* e o *Le Monde*, que eu lia."

Eu ficava vidrada nas pernas dos dois, com receio de que se as pernas sumissem da minha vista, sinal de que o teriam levado dali. Felizmente, isto não aconteceu e Marcos saiu com boa fisionomia e em paz.

Capítulo 22
Esquecer? Nunca mais!

Muitas pessoas se perguntam neste momento: por que devemos lembrar de tudo isso?

A isso eu respondo: é porque buscamos justiça!

A justiça nunca foi concedida àqueles que foram sequestrados, torturados ou mortos pela ditadura. Além disso, acredito que seja imensamente importante que as pessoas saibam o que realmente aconteceu nos porões escuros e nas câmaras de tortura durante esses longos anos. Esses crimes permanecem impunes.

Tenho conversado com muitos brasileiros, assim como estrangeiros, que me perguntaram por que não moro mais nos Estados Unidos e por que retornei ao Brasil após tantos anos. Respondo contando o que Marcos sofreu e como lutamos para salvá-lo. Há alguns que duvidam do que digo, enquanto outros ficam surpresos e pedem para saber mais. Uma mulher norte-americana me disse que perdeu o sono na noite em que conversamos.

Espero que este livro, bem documentado e que levou mais de três anos para ser escrito, convença todos da triste realidade de crueldade desumana. Espero também que todos saibam que muitos, muitos outros foram torturados e mortos pela ditadura, e, o que é pior, que precisamos apenas ler os jornais de hoje para ver que a tortura e o assassinato continuam. São trabalhadores rurais, crianças de rua, sem-teto e pobres inocentes que são feitos para trabalhar como escravos.

Estudos e estatísticas têm documentado tal tratamento. Entre eles, um relatório recente da Anistia Internacional sobre os crimes cometidos aqui e ao redor do mundo.

Por esse motivo, repito minha grande esperança de que o futuro traga verdadeira justiça e independência ao povo brasileiro. Quando virá?

Marcos continua lutando por seus ideais e pelo bem de todas as pessoas, sem demonstrar ódio ou desespero, mesmo tendo sofrido tanto. Ele é altruísta e dedicado, mas devo permitir que seus amigos falem por ele, pois uma mãe sempre é suspeita para elogiar seus filhos.

No entanto, tenho admirado sua falta de rancor desde o início, e mesmo depois de ser libertado da prisão. Ele não permitiu que a amargura ou o desejo de vingança o destruíssem.

Marcos ainda precisa lidar com duas consequências de sua prisão e tortura. A primeira é que seu antebraço esquerdo ainda sofre de edema crônico, desde o pulso até o cotovelo. Seus vasos linfáticos nesse braço se romperam após ser torturado no pau de arara e nas algemas móveis. Especialistas desde então alertaram que ele deve evitar qualquer infecção naquele braço, pois perdeu a defesa de seu sistema imunológico no local. O imunologista que Marcos tem consultado com alguma regularidade emitiu uma declaração assinada de que a lesão foi causada pela tortura. Em diversas ocasiões ao longo das últimas décadas, ele tem tido infecções que começaram em seu dedo e se espalharam por todo o antebraço na forma de manchas vermelhas e inchaço. Apenas antibióticos prescritos pelo imunologista fazem a infecção desaparecer.

Outra consequência de sua tortura é que seu ombro direito ainda tem cicatrizes de queimaduras de cigarro. O dedo mínimo de seu pé esquerdo também tem uma cicatriz de queimadura de choques elétricos. Recentemente, ele caiu sobre o ombro esquerdo, e começou a ter dores intensas e a perda de movimento. O médico que o tratou observou que ele também sofreu um traumatismo do pau de arara, o que causou uma diferença perceptível na altura do ombro esquerdo em comparação com o direito.

Termino aqui agradecendo a todos que leram este livro e transcrevendo as palavras que Marcos escreveu no verso de um retrato, apenas um ano após sua libertação:

Los Angeles, março de 1972

Querida mamãe:
Atrás deste chapéu
Eu olho o mundo como ele é
Precipitado no espaço e no tempo.
O olho do escuro vê as horas trágicas de hoje
e a sombria lágrima escorre.
O olho da luz
Agarra a História pelos chifres
E sobredetermina o futuro
De uma nova Humanidade
Que não morre.

Marcos Arruda, 1971.

Fonte: Família Sattamini de Arruda.

Lista de pessoas citadas no livro

Além das pessoas citadas nos agradecimentos, constam do livro as seguintes personagens, em ordem alfabética:

Alfredo Buzaid: ministro da Justiça no governo Médici.

Augusto Meyer: meu ex-marido, que participou na manifestação durante a visita de Médici a Washington.

Augusto Sussekind de Moraes Rego: advogado de presos políticos, preso e maltratado aos 62 anos de idade.

Capitão Morais: então chefe de Segurança do Hospital Militar do I Exército.

Coronel Albuquerque: então comandante do II Exército. O coronel Albuquerque, em 1970, chefiou a 2ª seção do II Exército e foi comandante durante parte do tempo em que o major Carlos Alberto Brilhante Ustra esteve à frente do Destacamento de Operações de Informações – Centro de Operações de Defesa Interna (DOI-Codi).

Coronel Mello [Ednardo d'Avila Mello]: recebeu-nos mal quando fomos ao quartel-general; fez comentários racistas quando entrevistou Marcos antes da sua libertação. Em janeiro de 1974, foi promovido a comandante do II Exército em São Paulo, sendo exonerado em janeiro de 1976, pelo presidente Ernesto Geisel, depois das mortes do jornalista Vladimir Herzog e do operário Manoel Fiel Filho no Centro de Operações de Defesa Interna (DOI-Codi), de São Paulo, unidade sob seu comando.

Coronel Octávio Aguiar Medeiros: colaborou na busca de Marcos durante os meses em que a Oban e o DOI-Codi o mantiveram incomunicável. General de brigada, chefiou o SNI de junho de 1978 a março de 1985. Dirigiu a Escola Nacional de Informações (ESNI) e foi o responsável pelo treinamento de militares em "métodos psicológicos de interrogatório".

Coronel Paiva: indicado pelo então coronel Octávio Medeiros para explicar por que Marcos não fora libertado antes de Natal de 1970.

David, Carliner e Gordon, Advocacia: advogados que se ocuparam do pedido de visto de Marcos como imigrante nos EUA.

Dom Alberto Trevisan: bispo auxiliar do Rio de Janeiro, visitou Marcos no HCE a pedido do arcebispo dom Aloísio Lorscheider, secretário-geral da CNBB.

Dom Aloísio Lorscheider: acolheu Marcos e eu em visita de agradecimento, em março de 1971. O próprio dom Aloísio havia sido preso em outubro de 1970 durante uma ação do Departamento de Ordem Política e Social (Dops), na sede do Instituto Brasileiro de Desenvolvimento (Ibrades), o que contribuiu para alterar o posicionamento da Igreja Católica em relação ao regime militar.

Dr. Aaron Ackerman: neurocirurgião que examinou Marcos logo que ele saiu da prisão.

Dr. Aquino: médico do Hospital Militar de São Paulo.

Estrella Bohadana: jovem prisioneira, torturada, levada para o Hospital do I Exército para ser tratada e depois devolvida aos torturadores.

Fernando Henrique Cardoso: presidente do Brasil com mandatos entre 1995 e 2002. Recusou-se a lançar investigação dos crimes de prisão ilegal, tortura, assassinatos e desaparecimento forçado de presos políticos.

Frank Church: senador dos EUA, empenhado em conhecer a cumplicidade do governo dos EUA com a ditadura brasileira e suas violações dos direitos humanos dos cidadãos.

General Canavarro: do Quartel Central do Exército.

General Galeno da Penha Franco: diretor do Hospital Central do Exército, Rio de Janeiro.

General Siseno Sarmento: então comandante do II Exército, sediado no Rio de Janeiro.

Henning Albert Boilesen: empresário dinamarquês, presidente do Grupo transnacional Ultragaz no Brasil, um dos patrocinadores da Oban, morto pela guerrilha urbana.

Hugo Miguel Moreno: argentino, ficou um mês na mesma cela de Marcos no Hospital do II Exército, depois de torturado.

Irmã Catarina: freira que cuidou de Marcos durante sua estada na prisão do Hospital Militar de São Paulo.

Jack Anderson: colunista sindicado, escreveu diversos artigos sobre Marcos, contra a ditadura e o envolvimento do governo dos EUA com ela.

Jack Langguth: autor do livro *Hidden Terrors*, no qual o caso de Marcos é relatado detalhadamente, a partir de entrevista feita com ele em Genebra.

Jô Soares: comediante, animador de programas de TV.

José Gregori: secretário especial de Direitos Humanos de 1997 a 2000 e ministro da Justiça do governo Cardoso 2000 a 2001.

Luciano de Britto Pereira: meu cunhado, médico, tentou visitar Marcos várias vezes sem sucesso.

Major Sadi: avisou d. Maria da transferência de Marcos, de São Paulo para o Rio de Janeiro.

Manoel Ferreira Filho: secretário do ministro da Justiça Buzaid.

Manoel Fiel Filho: membro do Partido Comunista Brasileiro, assassinado na prisão em janeiro de 1976.

Márcia Savaget: raptada por nove homens ao sair da prisão.

Maria Helena Vidal: grande amiga.

Marijane Lisboa: raptada por nove homens ao sair da prisão.

Modesto da Silveira: advogado, que esperou Marcos no aeroporto no seu primeiro retorno ao Brasil, depois de aprovada a Lei de Anistia em 1979.

Núncio apostólico dom Humberto Mozzoni: convidou Marcos para uma entrevista quando este foi libertado.

Professor Paulo Freire: filósofo e educador, pioneiro de uma metodologia social de alfabetização, preso e exilado durante as duas décadas de governo militar; Marcos trabalhou com ele entre 1975 e 1978.

Richard Nixon: presidente do EUA, que recebeu na Casa Branca o general-ditador Emílio Médici em 1971.

Técio Lins e Silva: advogado de Marcos e de outros presos políticos. O DOI-Codi impediu-o de encontrar-se pessoalmente com Marcos até a sua saída da prisão, em fevereiro de 1971.

Foi Técio que comunicou a Marcos que seu nome havia sido incluído no processo da Ação Popular e aconselhou-o a ir para o exterior, a fim de evitar nova prisão e de seguir o tratamento neurológico a que ele estava sendo submetido.

Tenente Constantino: quartel-general.

Torturadores: major Valdir Coelho (então chefe da Oban); capitães Dalmo Luiz Cirilo, Maurício Lopes Lima, Homero Cesar Machado e Benoni de Arruda Albernaz atuavam na Oban, em São Paulo.

William (Bill) Doherty: diretor do Instituto Americano para o Desenvolvimento do Sindicalismo Livre, financiado em parte pela Agência Central de Inteligência dos EUA.

Zuzu Angel: modista, mãe do preso político Stuart Angel, assassinado pela Aeronáutica, grande lutadora, ela própria assassinada pelo DOI-Codi. Eu a conheci e a admiro.

Referências bibliográficas

AMNESTY International. *Report on Allegations of Torture in Brazil*. Palo Alto: West Coast Office, Amnesty International, 1973.

ARNS, P. E. *Brasil, nunca mais*. 10.ed. Petrópolis: Editora Vozes, 1985.

ESTRATÉGIA para matar o terror. *Veja*, 12 nov. 1969.

HUGGINS, M. K. *Polícia e política*: relações Estados Unidos / América Latina. São Paulo: Cortez Editora, 1998.

LANGGUTH, A. J. *Hidden Terrors*. New York: Pantheon Books, 1978.

WEXLER, H.; LANDAU, S. *Brazil*: A Report on Torture, 1971.

Caminhante, não há caminho...

Marcos Penna Sattamini de Arruda

Parte I
Velar, estar desperto

– Não conheço.

– Não sei.

– Sou um simples operário metalúrgico!

– Aahhh!

"Jesus Cristo, Jesus Cristo, Jesus Cristo, eu estou aqui...", canta Roberto Carlos, aos gritos, na vitrola da Operação Bandeirantes, um pequeno edifício de três andares no interior do quartel da Polícia do Exército, na Rua Tutoia, centro da cidade de São Paulo. Do pau de arara em que estou pendurado pelos pulsos e joelhos, vejo através dos vidros da janela um edifício de apartamentos. Sepultados pelo intolerável volume da música, os gritos dos torturados não podem ser ouvidos pelos moradores. Quando é que este cantor, homem de fé, iria imaginar que sua canção serviria para um objetivo tão diabólico?

Nas seis horas de pau de arara, tive o privilégio de recapitular alguns momentos essenciais da minha vida. Isto se deu de forma inconsciente, diante da presença da morte. Eu era um jovem de

29 anos e havia feito escolhas importantes na vida. Uma delas foi romper com a cultura do indivíduo como absoluto e consequentemente lutar contra toda forma de opressão e alienação de mim mesmo e dos outros. Na época, eu não percebia que a opressão social era apenas uma das dimensões desta luta.

A ditadura empresarial-militar havia gradualmente fechado todas as portas às expressões populares de protesto. A última delas ocorreu em dezembro de 1968, com a imposição do Ato Institucional n. 5, o fechamento do Congresso e o início de uma repressão brutal contra as manifestações de desacordo e de luta pela democracia. A juventude, que tem uma forte intuição libertária, revoltou-se contra o obscurantismo que atingiu a vida do país por todos os lados. Arrocho salarial, perseguição política, silenciamento de artistas, censura de meios de comunicação, e logo prisões ilegais, tortura sistemática, assassinato e desaparecimento de presos políticos. E, todo o tempo, e sem qualquer vergonha, a mentira, a fraude, a hipocrisia. A juventude intuiu que um outro Brasil era possível e foram milhares os que decidiram abandonar uma vida de classe média ou profissões liberais para ir trabalhar como operários ou camponeses, identificando-se com seus cotidianos de privações a fim de ajudá-los a educar-se e a organizar-se para lutar por sua dignidade humana e seus direitos cidadãos. Eu fui um deles.

A ditadura empresarial-militar representava o futuro na visão tecnoburocrática, mas era um resquício do passado, quando observada sob a perspectiva humana e social. Os novos detentores do poder político haviam sido financiados por empresas e apoiados pelo governo dos Estados Unidos. O presidente da época era Lyndon B. Johnson, um democrata com ficha policial nos registros do céu, em que constam o início da guerra

Golpe de Estado. Rio de Janeiro, 1964.

Fonte: Arquivo Nacional.

do Vietnã e o golpe militar no Brasil, entre outros crimes. No Brasil, os estadunidenses eram representados pelo embaixador Lincoln Gordon e o coronel Vernon Walters, da CIA, ambos diretamente associados aos golpistas. Eu tinha convicção disso e não hesitei em unir-me a outros indignados para buscar um futuro de soberania e dignidade para a nossa pátria e para o nosso povo, subjugado por quinhentos anos de opressão e escravidão étnica, financeira e existencial.

Aos nossos olhos, os militares no poder pareciam imbecis emocionais. Sua sede de poder era igualada apenas pela ânsia das elites por riqueza e prestígio. Para essa aliança maligna, a lei e o Estado Democrático de Direito não tinham importância. Seus interesses transcendiam todos os acordos feitos com a sociedade. A fachada da democracia burguesa desmorona, revelando a maldade do seu autoritarismo e a putrefação da sua hipocrisia.

Quando estava ali, pendurado em uma barra de ferro, recebendo choques elétricos e golpes de palmatória, senti a morte se aproximar. Mas também senti a confirmação do meu sentimento de asco pelo sistema compulsivamente egocêntrico do *capital*, pela cultura da *mentira* e da *hipocrisia* e pela política da *prepotência* e da *submissão*. Sucediam-se no meu espírito as imagens dos cascos dos cavalos do governador golpista Carlos Lacerda, do Rio de Janeiro, imprensando-nos contra os soldados armados de metralhadora nas escadas da Câmara Municipal na Cinelândia; as fotos do banqueiro e governador golpista Magalhães Pinto, de Minas Gerais, apoiando o golpe, ao lado do governador Adhemar de Barros, de São Paulo, e do marechal Castelo Branco, que assumiu a presidência; a imagem dos ministros da Fazenda Roberto Campos e, depois, Delfim Netto justificando o arrocho e a entrega dos nossos minérios a empresas estrangeiras; a rolagem em jipe em Mato Grosso ao longo de mais de um quilômetro de cerca de latifúndio, que gente da população local dizia pertencer a Delfim Netto; o rosto dos meus colegas metalúrgicos e suas mulheres e filhos depauperados, seus pais e avós envelhecidos precocemente pelo trabalho explorado, vivendo na pobreza seus últimos anos; as caras envelhecidas das jovens mulheres e crianças camponesas migrando do Nordeste ardente em busca de água e de vida; as canções aguerridas de Sergio Ricardo, Chico Buarque, João do Vale e Geraldo Vandré levantando multidões; as colunas ou as páginas em branco dos jornais e revistas, censurados pelo obscurantismo inquisidor dos militares; o sorriso triste de colegas metalúrgicos recém-libertados da prisão, onde haviam sido torturados e ameaçados de morte "caso continuassem a provocar baderna no sindicato e nas ruas"; a cena devastadora do enterro de um dos milhões de severinos do Nordeste ressecado, ao som da voz cortante da atriz, "Esta cova em que estás, de palmos medida é a conta melhor que tiraste em vida!", na peça do Tuca de São Paulo, *Morte e vida severina*, do grande João Cabral, encenada em 1965 no Teatro Municipal do Rio de Janeiro, com a presença do próprio ditador-marechal; o rosto enternecido da vovó dizendo, "Meu filho, se cuide, você não devia pôr em risco sua vida, mas eu confio em você, vejo que saiu ao seu bisavô Belisário Penna, que também era um lutador das melhores causas e por isso demitiu-se de ministro do Getúlio. Ele foi preso, mas se manteve um digno patriota!". Lembro do abraço afetuoso do papai na minha última partida do Rio, semanas antes de ser preso. Ele dizia: "Vou rezar por vocês, meu filho, me orgulho da sua coragem". Por que existe esse ódio dos militares contra o povo trabalhador? Por que o desprezo das elites por aquelas e aqueles de quem elas dependem para comer e para enriquecer mais ainda?

Em seguida, recuando no tempo, vi minha infância feliz enquanto papai e mamãe estavam juntos, vi meu desespero quando começaram a se desentender e terminaram por separar-se. Ele não queria sair de casa. Ela não tolerava mais a presença dele, mas não tinha para onde ir, então foi dormir na sala de visitas. E, assim, vivemos durante quatro anos, eles separados, sem se falarem, vivendo conosco na mesma casa. Foi meu primeiro inferno. O segundo, eu estava vivendo agora, nu, a cabeça pendida para trás, recebendo choques elétricos, golpes de palmatória na bunda, um terror impossível de descrever.

Desenrolou-se, em minha mente, como em uma retrospectiva tão vertiginosa quanto um relâmpago, a vivência que uniu esses dois infernos. A angústia de sentir papai incapaz de reagir à altura para reconquistar mamãe. Meu medo inconsciente era de perder o amor da minha mãe. No plano mental e no psíquico, fui cindido ao meio: desenvolveu-se dentro de mim um conflito entre minha mente racional e meu coração de artista. A mente racional prevaleceu, era como a tábua de salvação para um ser cuja emoção estava naufragando em um oceano de dor. Foi essa clivagem que me levou à decisão, aos 15 anos, de ir viver no sacerdócio uma vida de renúncia a tudo que me parecia atraente e prazeroso na vida. Eu precisava salvar meus pais. A dura aprendizagem para submeter ao domínio do meu Eu profundo o corpo, a energia vital, a mente e o espírito começaram aos 12-13 anos, com o livro sobre as crianças de Fátima que meu querido padrinho Guiga, irmão do papai, me deu de aniversário. A disciplina interior que me impus foi a condição para que, muito mais tarde, eu fosse capaz de suportar e sobreviver à tragédia que a vida me reservaria ao completar 29 anos. Mas foi também uma cadeia que me atou durante longos anos à compulsão de aceitar o sofrimento e abdicar do desejo como caminhos de redenção.

Mamãe tinha criado ocasiões vitais para o meu desenvolvimento pessoal. Ela me levou a estudar piano quando eu ainda tinha 5 anos. Meu amor pela música passou a ser a maior força da minha vida. O piano me arrebatou, um instrumento completo, que combina melodia e harmonia, corpo e alma, intelecto e emoção, matéria e espírito. Meu imenso desejo era ser pianista e compositor. Mas dois fatores interromperam esse sonho. Um foi o início do namoro das minhas primas, no salão onde ficava o piano. Com cinco filhos e filhas, papai e mamãe não tinham dinheiro suficiente para comprar ou alugar um piano. Eu ia estudar na casa da tia China, irmã da minha avó Maria, na Rua São Clemente, bem perto da nossa casa da Rua Sorocaba. Os horários de que eu dispunha coincidiam com os do namoro das primas. Fiquei impedido de ir lá tocar piano. O segundo fator foi minha decisão pelo sacerdócio. Da dor profunda surgiu a decisão de adotar o celibato e renunciar à música.

Enfrentei a insistência inútil da mamãe para eu não ir para o seminário. Os meses que antecederam minha partida para o Colégio Anchieta, em Friburgo, foram de inesperado redescobrimento dela como mãe-amiga. Foi um reencontro luminoso para mim, que estava convencido de haver perdido no papai o amor dela. E o reencontro se deu na conversa e na arte. Conversávamos muito, íamos juntos a aulas de pintura na Escolinha de Arte do grande Augusto Rodrigues. Íamos ao cinema e conversávamos sobre os motivos de ela e papai não se darem como casal. Senti que não havia perdido o amor dela, e isto me deu uma força nova. Mas o tsunami emocional já havia causado profundas feridas no meu interior. Resisti aos seus pedidos de ficar no Rio e parti para Friburgo.

Lá aprendi disciplina e método de estudo e de vida, e tive a ilusão de estar mais próximo do divino do que em qualquer outro lugar. Lá começou meu aprendizado de como ler o mundo pelos óculos do dogma e da razão pura. Lá, e depois no Noviciado em Itaici, aprendi os rigores de uma Igreja cuja prática é muito mais uma negação da fé e do Evangelho do que eu jamais poderia imaginar. Ao mesmo tempo, lá vivenciei amizades que duram até hoje. Nova insistência de mamãe para eu concorrer a uma bolsa de estudos nos Estados Unidos, na esperança de que isto me levasse a abandonar o seminário. O ano vivido com a família McCartin, em Chicago, entre 16 e 17 anos de idade, foi de descobertas inesquecíveis. Quanto sou grato a Pauline e Bartlett McCartin, minha dileta mãe e pai estadunidenses, a Marilyn e Bart, meus irmãos, a tia/*aunt* Irene e tio/*uncle* Steve, a Kathy, Steve e Lynn Carmody, por terem me acolhido como membro de suas famílias, um presente que ilumina para sempre minha vida.

Os choques elétricos faziam meu corpo se contorcer e quebravam o fio da minha recapitulação. Eu ouvia gritos horríveis saindo do meu peito. Via os olhos desvairados dos torturadores, eles fumavam quando pausavam para descansar de me fazer perguntas, e riam quando viam meu corpo se contorcer de dor ao girar da manivela do telefone de campanha do Exército, adaptado para gerar choques elétricos nos torturados. Invenção estadunidense, trazida para a América Latina pelos instrutores da CIA e do serviço de segurança do Exército dos EUA como instrumento de interrogatório. Deus meu, o que vou fazer para aguentar tamanho horror. Sim, eu sabia que, sendo preso, passaria pela tortura e talvez fosse assassinado. Por quem estou lutando? Por quem estou morrendo agora? Virá dessas questões a minha força? Sim! Meus colegas operários, cuja coragem e vida de pobreza e trabalho eram um exemplo para mim. Vários deles já tinham sido presos pela polícia ou pelo Exército da ditadura e estavam de volta à fábrica e à luta por um Brasil livre, igualitário e fraterno. Eles eram agora a minha força para resistir, para só falar de apelidos ou nomes sem rosto – João, Baiano, Zé, Piauí, Pau Grande...

Eles eram agora a minha força para encarar os torturadores sem dizer nem mesmo onde eu morava realmente. Assim eu preservava o Hasiel, o Leo e a Luisa, que moravam comigo na Vila Baronesa, e o João, amigo metalúrgico negro, com quem eu ia cada dia para a Sofunge, e com quem me reunia em noites e fins de semana para planejar nossa ação educativa e organizadora dos colegas de fábrica: conversas na hora do almoço, discussões sobre salário, condições de trabalho, a situação do Brasil, os nossos direitos, a necessidade de filiar-se e participar das assembleias do sindicato, mesmo sendo ele controlado por pelegos do governo militar.

Em 1958, mamãe desistiu de continuar exposta às críticas da família por trabalhar fora de casa e decidiu tentar um trabalho nos EUA. Com meu trabalho como vendedor de jornais na porta de uma igreja do sul de Chicago aos domingos e, em alguns fins de semana, como pintor da minha escola, St. Ignatius High School, ajudei mamãe a comprar um gravador. Mamãe usou-o para estudar interpretação. E logo encontrou trabalho como intérprete em Nova York e foi morar lá, mudando-se depois para Washington. Tencionava trazer todos os filhos para viverem com ela nos EUA. Mamãe pretendia pedir aos organizadores do intercâmbio de bolsistas que me dispensassem da obrigação de retornar ao Brasil, já que ela, minha mãe, estava morando nos EUA. Mas quando finalmente parti de Chicago para Washington, para os encontros finais dos bolsistas e o retorno aos nossos países de origem, mamãe estava em viagem de trabalho. De volta ao Rio, reencontrei a família e logo parti para Friburgo, reintegrando minha classe na escola apostólica. Mamãe não podia acreditar que eu ainda quisesse seguir no seminário. Quando estava tudo pronto para a formatura da minha turma, eu tive uma crise de apendicite. O enfermeiro dizia que era uma gripe intestinal. Foi preciso a vovó Maria, mãe de mamãe, ao chegar do Rio para a minha formatura, apalpar minha barriga e identificar a causa das dores, para que eu fosse imediatamente levado para o hospital. Foi vovó quem evitou que minha apendicite fosse supurada. A operação foi longa e me detiveram ainda uns dias no hospital. Não pude, então, participar da cerimônia de formatura. Obrigado, vovó, por sua dedicação e cuidado comigo!

Se aqueles operários, com baixa escolaridade e uma vida de pobreza e privações, resistiram e continuaram na luta, eu, com toda a minha formação intelectual, moral e espiritual, não tinha o direito de me entregar ao desespero. Eu tinha que resistir! Meu espírito estava também povoado pelos heroicos vietcongs. Naqueles anos, eles realizavam, quase desarmados, uma dificílima resistência contra os exércitos do Vietnã do Sul e dos EUA, armados com os equipamentos mais sofisticados e financiados pelo maior orçamento do mundo. Lutavam pela mesma causa que nós na América Latina: o direito dos nossos povos à soberania sobre nossos territórios, nossas economias e nosso próprio caminho de desenvolvimento. Os vietcongs que estavam presos passavam por torturas semelhantes às que eu estava vivenciando agora. Muitos, talvez mesmo a maioria, eram executados covardemente pelos que os detinham naquele antro. Ficava claro para mim, ali dependurado, que eu não estava só, apesar dos torturadores gritarem isto a plenos pulmões, tentando arrefecer o meu ânimo. Eu era milhões pelo mundo afora. E a força destes milhões certamente me alimentava agora com a resistência necessária para silenciar.

Novamente, a dor lancinante, os gritos, a onda de recordações que fluem no espírito de alguém que estava se aproximando da morte.

Em Itaici, entreguei-me de corpo e alma à busca de uma espiritualidade profunda. Estudei Filosofia e ampliei meus conhecimentos do latim e do grego. Não por acaso, nossos professores de então não nos deram a conhecer um dos mais brilhantes homens que passaram pela Ordem, e que tem me acompanhado ao longo de toda a minha vida intelectual e espiritual: o geólogo e místico jesuíta Pierre Teilhard de Chardin. Passei um "mês de provação", trabalhando como ajudante de pedreiro na construção da igreja do Colégio. Foi minha primeira vivência como operário!

Nossa consciência estava tão reprimida naquele ambiente que um dia fui confessar ao Padre Mestre que havia cedido à tentação de ler os escritos chulos na porta do banheiro dos operários. Para disciplinar nossos impulsos juvenis, os padres tinham métodos de tortura autoimposta, talvez inspirados na Opus Dei, como o açoite, o cilício, o banquinho no refeitório em que comíamos de joelhos e "dizer a culpa" em público durante a refeição coletiva, em latim, a única língua que podíamos falar entre nós, exceto nos recreios.

A "segunda provação" consistiu em uma peregrinação de cerca de 200 quilômetros a pé, sem levar dinheiro, pelo interior de São Paulo. Saímos caminhando, eu e Tarciso, cada um com uma trouxinha de roupas, hospedando-nos em igrejas e hospitais, pedindo comida e água pelo caminho, servindo os doentes e anunciando o Evangelho àqueles que nos acolhiam. Ocorreu-me um encontro em Atibaia, na casa do padre Zecchin, que hospedava também a equipe de direção da JEC (Juventude Estudantil Católica), entre eles aquele que se tornou meu amigo até hoje, e que o Brasil e meio mundo conhecem como educador popular e prolífico escritor: Frei Betto! Foi nesta caminhada, rica de vivências e de encontros intensos, que amadureci minha determinação de sair do Noviciado e da Companhia de Jesus.

Os torturadores queriam os nomes verdadeiros dos colegas. Também insistiam na pergunta sobre onde eu morava. Eu precisava de mais forças para resistir. Meu corpo começava a cobrir-se de um suor frio. O terror era atroz. A dor parecia não ter mais fim. Lembrei-me de Jesus, torturado com açoite e coroa de espinhos, obrigado a carregar a cruz pela cidade, até o alto do Monte Calvário, para depois ser pregado nela com grandes cravos que lhe atravessaram os pulsos e os pés. A entrega. A coragem de morrer por amor à humanidade. Como poderia eu escolher colaborar com os torturadores para salvar minha pequena vida? Uma voz interior dizia: mas você, se salvando, poderá continuar a luta mais tarde; morto, não poderá lutar mais. E outra voz dentro de mim contestava: você não quer que seus colegas e companheiros passem pelo mesmo horror que você está passando! Se você morrer, seu exemplo vai nutrir a coragem de muitos e muitas. Se não morrer, continuará a lutar com um estofo de dignidade que marcará sua vida inteira. Resista!

Parte II
O primeiro voo para a liberdade: saindo do seminário

A saída do noviciado foi para mim uma pequena morte. Não somente era uma mudança radical no sentido da minha vida, mas também porque implicava a despedida para sempre de amigos com quem eu havia construído uma caminhada comum de cumplicidade e esperança. Sergio Pachá, Antônio José T. de Carvalho, Tarciso Paixão, Celso Pereira, Hugo Dantas, Oscar Matsuura, Antônio Carlos Bôa Nova, Luiz Antônio D'Elboux Couto, Simão Hirata e Jorge Sakakibara são alguns daqueles de quem senti mais a falta. Impedido até de abraçá-los antes de partir, fui obrigado a sair como um criminoso, na calada da madrugada, e viajei de trem sozinho, de volta à casa no Rio.

Eu trazia na bagagem um rico aprendizado de latim, grego e filosofia, e também de método de vida, estudo e trabalho. Vovó, papai e as irmãs e irmão me receberam com muita alegria. Eu estava perplexo com a liberdade conquistada e com a possibilidade de escolher um novo caminho profissional. Mais tarde iria ter a mesma espantosa sensação de liberdade ao sair da prisão. Neste momento, porém, o velho conflito entre minha mente racional e minha emoção reavivou-se diante do dilema profissional. Piano foi a minha primeira tentação. Mas algo me levou a buscar no campo das ciências a minha inserção profissional. Na rica diversidade da mãe natureza, tenho um amor especial pelo mar. Estava determinado a estudar oceanografia. Estar ligado à minha paixão pela natureza e colocar meu potencial intelectual a serviço da pesquisa científica e da ampliação do conhecimento e da consciência humana. Esta ideia suplantou, naquele momento, meu amor pela música. Mas minha vida ia ter no espaço da universidade um redirecionamento radical.

> Chegou uma nova equipe de torturadores. A sanha para arrancar informações continuou. O tempo era um fator-chave para eles – se demorassem a obter nomes e endereços, arriscavam perder o fio da meada e interromper a desagregação das organizações que lutavam contra a ditadura.

Estudei em poucos meses matérias que eu estudaria apenas superficialmente no Clássico ou no Científico (segundo ciclo), justamente as disciplinas científicas. Um bom amigo me aconselhou a estudar Geologia, para depois me especializar em Oceanografia, já que na época não havia uma escola centrada neste campo de conhecimento. O estudo da Física, Química, Biologia e Matemáticas veio abrir um novo horizonte para a minha formação intelectual. Os quatro anos na Escola Nacional de Geologia (ENG) trouxeram uma profunda transformação na minha vida. A passagem do mundo romântico das aventuras, e místico dos feitos interiores, para o mundo racional e científico começou já no secundário, mas se consumou nos estudos universitários de Filosofia, depois Geologia, e nas leituras sobre

Manifestação estudantil contra a ditadura militar. Rio de Janeiro, 1º de abril de 1968.

Fonte: Arquivo Nacional.

História e o pensamento crítico de Karl Marx, Friedrich Engels, Vladimir Lenin, Antonio Gramsci, Fidel Castro, Ernesto Che Guevara e inúmeros outros revolucionários e pensadores estudados por Leszek Kolakowski. Um dos autores que têm permanecido mais presente para mim ao longo de décadas, fazendo a ponte entre o que aparentam ser dois mundos – o da ciência e o da fé, o do passado e o do futuro, o da matéria e o do espírito – é Pierre Teilhard de Chardin, um paleontólogo e místico francês, apaixonado como eu pela natureza e pela busca da essência e da evolução da vida. Encontrei nele um eco para o meu espírito irrequieto e inquisitivo, sempre em busca de ir mais além.

Na Escola Nacional de Geologia (ENG), na Juventude Universitária Católica (JUC) e na União Nacional dos Estudantes (UNE) criei novas e duradouras amizades. Aproximei-me da amada natureza pela via do conhecimento e da experimentação.

Comecei a atuar na JUC. Através dela e da minha atividade estudantil descobri o que habitualmente se chama "militância". Prefiro falar do caminho do guerreiro da paz. Sim, tem a ver com a guerra contra toda forma de violência – opressão, exploração, alienação, em suma, toda forma de agressão física, psíquica e sutil. Não há como escapar do fato de que aqueles que se opõem à construção de um mundo de solidariedade e irmandade são inimigos da humanidade. Esta etapa representou minha libertação da herança politicamente conservadora e alienada em que me socializei. Foi minha abertura para o pensamento crítico, para a indignação e a transgressão, meu primeiro aprendizado de que é preciso escolher os meios adequados, se queremos de fato construir os fins que são o objeto do nosso desejo.

Foi como dirigente universitário e ativista da JUC que "descobri" que a gente favelada que morava perto da nossa casa, na Rua Sorocaba, em Botafogo, sofria as consequências não "do destino" ou "da vontade de Deus", mas de toda uma história de exploração colonial, de produção e reprodução de injustiças, desigualdades e alienações na forma de patriarcalismo, racismo, sexismo e imediatismo. Sim, eu havia tido uma educação intelectualmente sólida, mas socialmente alienada, em todas as etapas anteriores de formação. Minha consciência havia sido, de fato, formada para servir àquele mundo de desigualdades. E foi difícil sair desta forma! Custou muita luta interior, pois eu tinha que rejeitar e ultrapassar a herança conservadora e, mesmo, reacionária que eu recebera da família, das escolas privadas que frequentei e da Igreja Católica.

A renúncia de Jânio Quadros em 1961 e a tentativa de golpe militar para impedir a posse do vice-presidente constitucional, João Goulart, foram os meus primeiros testes de fogo.

Participei muito intensamente das lutas daquele momento, enfrentando uma grande crise com minha família, que era conservadora de classe média e estava marcada por uma história de vínculo com o integralismo idealista de cunho neofascista. Da família eu ouvia a fala contrária ao nacionalismo, a tudo que era getulismo, populismo e sindicalismo representados por Getúlio Vargas, João Goulart, general Lott. Então foi preciso um rompimento, que se deu quando eu tinha entre 20 e 21 anos. A vivência desse rompimento levou-me a buscar uma nova ligação da minha fé com a vida social e a História terrena e cotidiana, com a luta do povo para fazer um mundo melhor sem opressão, dominação, injustiça, desigualdade e livre de todo tipo de segregação.

Participei ativamente do movimento em defesa da Constituição e da posse do vice-presidente eleito, João Goulart. Fui a manifestações de rua e discuti com gente da família e da Escola, buscando ampliar a base social pela causa antigolpista. Tais posicionamentos me custaram a inimizade do diretor da ENG e da Campanha Nacional de Formação de Geólogos (CAGE), professor Othon Leonardos, que também era diretor da empresa alemã Mannesmann Mineração. Eu já havia sido preferido dele, quando entrei na Escola com uma excelente classificação. E também, quando fui eleito presidente do diretório dos estudantes da ENG. Mas a minha metamorfose social e ética levou-o a qualificar-me de "comunista". Foi o que me motivou a estudar os escritos de Karl Marx e outros autores. Se eu estava convicto de que tudo que fazia era coerente com minha fé cristã, que havia em comum entre esta fé e o comunismo?

A nova equipe intensificou a brutalidade. O capitão Albernaz, o mais sádico de todos, chefiava a equipe que me prendeu. Os que comandaram a tortura eram o capitão Homero e, depois, o capitão Dauro. Alguns dias depois, já no Hospital Militar, o inquérito prosseguiu com o capitão Faria. Dei à nova equipe o endereço da casa dos tios da minha ex-mulher, que eu visitava de tempos em tempos e, de novo, os apelidos de colegas da fábrica. Viram que eu não ia dizer mais do que isto e decidiram que a crueldade tinha que aumentar. Tiraram o fio do testículo e o colocaram dentro do meu ouvido, dentro de uma narina, nos lábios e na língua. O circuito do choque elétrico ficou muito mais longo, indo da cabeça até o dedo do pé esquerdo. Jogaram água em mim, para que a condutividade dos choques ficasse mais intensa. Fizeram queimaduras no meu ombro direito com um cigarro aceso. Deram uma surra de palmatória na nádega direita, que deu a sensação de uma fogueira acesa debaixo de mim, provocando um enorme hematoma que durou meses para se desfazer.

Já completamente esgotado, eu não tinha mais voz para gritar de dor, nem sentia mais nada. Meu corpo cobriu-se de um suor frio. Percebi que estava perto da morte. Sim, depois da pequena morte que foi a separação dos meus pais, esta seria minha segunda, talvez a definitiva. Senti uma grande coragem; a emoção de estar dando a vida pela libertação do Brasil e da gente sofrida que o construiu ao longo desses séculos de opressão colonial e de exploração imperial. Minha morte ia servir de adubo para a terra da luta contra as opressões. Eu seria semente para que outras flores brotassem. Quando me baixaram do pau de arara, percebi que havia perdido o domínio do meu corpo e da fala. Mas minha consciência estava alerta. Um dos torturadores tomou a barra de ferro onde me haviam pendurado e deu golpes nos meus testículos, para que eu despertasse. Depois, enfiou uma pistola na minha boca e a engatilhou, dizendo que eu ia morrer ali mesmo. "Enfim vou me libertar deste inferno!" Foi o que brotou no meu espírito. Mas, de repente, meu corpo começou a tremer, e as convulsões não pararam mais. Os carrascos correram e mostraram grande preocupação.

– E se ele morrer nas nossas mãos? – disse um deles. – Isto vai sujar nossa barra. E ele ainda não levou quase nada do que a gente dá pra esses comunistas de merda! Chama o médico!

Em 1963, ajudei a criar a Executiva Nacional dos Estudantes de Geologia (Enege) e fui seu segundo presidente. No verão de 1964, passei as férias trabalhando em Minas Gerais, com o Grupo de Política Mineral. Junto com Octávio Elysio e Sérgio, Alexandre, Roberto e Rubens ajudamos a organizar um grande encontro nacional, que recebeu o nome de "Minério não dá duas safras". Realizado em Belo Horizonte, o evento contou com a presença de Miguel Arraes, governador de Pernambuco, Almino Afonso, ministro do Trabalho do governo João Goulart, e Clodesmidt Riani, presidente do Comando Geral de Trabalhadores (CGT). O grande objetivo era levar adiante, junto com sindicatos, políticos e profissionais de vários campos, a proposta de criação da Minerobrás, uma espécie de Petrobras dos minérios, para controlar o subsolo brasileiro e colocá-los a serviço do desenvolvimento do país.

Creio que esse foi um dos fatores que motivou o golpe militar, porque ameaçava diretamente os interesses de algumas empresas norte-americanas e europeias que vieram a financiá-lo, e que haviam se apropriado de ricas reservas de minério de ferro e manganês em Minas Gerais, Mato Grosso e Amapá. Quando o golpe militar foi consumado, tive que passar algumas semanas escondido. Depois que se confirmou que não havia perigo, voltei à faculdade e me formei em dezembro de 1964. Nossa turma, considerada "subversiva" pelo diretor, não teve o direito de escolher seu paraninfo. Queríamos o Paulo Freire, depois o Celso Furtado, mas o diretor os recusou um a um. Acabamos impedidos de ter cerimônia de formatura. Como prova de sua intolerância e mesquinhez, o diretor nos obrigou a receber nosso diploma na secretaria da escola.

A esta altura eu já começara a perceber que a ciência racionalista era insuficiente para oferecer explicações satisfatórias à complexidade do ser que eu sou, assim como à do universo que me deu origem. Era preciso buscar uma ponte entre a pesquisa científica e a aventura do desenvolvimento do espírito.

Não encontrei trabalho como geólogo no Rio de Janeiro e, já casado, acabei indo para Petrópolis. Passei lá o ano de 1965, trabalhando em uma área de que gosto muito – Geologia Estrutural – na especialidade da aerofotointerpretação geológica, que envolve o mapeamento de grandes áreas e a identificação de áreas favoráveis à ocorrência de minérios, ou petróleo e gás. Trabalhei no Projeto Brasília, para o qual o Departamento Nacional de Produção Mineral (DNPM) contratou a nossa empresa. Esse trabalho, em duplas, nos levou a passar quase três meses no Cerrado de Minas Gerais fazendo o detalhamento do que havíamos iniciado no escritório nos meses anteriores. Além da preciosa experiência como jovem geólogo, aprendi muito sobre a geologia e a hidrologia das bacias dos rios Tocantins e Araguaia, e a sociologia do estado de Minas.

Um ano depois fui demitido, em razão de problemas financeiros da empresa, e tive que procurar outros trabalhos, mas no Rio de Janeiro as portas estavam fechadas para mim. Cheguei a entregar meu currículo ao Departamento Nacional de Produção Mineral, mas um ex-colega que lá trabalhava me disse: "De todos os candidatos, você é o que tem melhor currículo, mas o norte-americano que chefia o projeto do cobre vetou o seu nome". Comecei a trabalhar como tradutor para a Editora Vozes. Retornando ao Rio, continuei as traduções e fui fazer alfabetização de jovens e adultos trabalhadores da periferia do Rio, usando o método Paulo Freire, a quem eu havia conhecido em sua casa em Recife, poucos anos antes. Fui convidado a trabalhar como assessor do diretor da sessão de Hidrologia do Departamento Nacional de Obras de Saneamento (DNOS). A hidrogeologia me apaixonava, mas os constrangimentos criados pela burocracia autoritária do governo me desgostaram profundamente.

> A injeção me fez dormir algumas horas. Quando voltei à consciência, estava deitado no chão, a urina havia feito uma poça ao meu lado. Eles me haviam vestido. Minha perna eletrificada estava mole como uma folha de papel, o artelho mínimo estava calcinado pelos choques. Eu ouvia o ronco de mais de um dos torturadores dormindo na sala ao lado. Entendi então que ainda não havia morrido. O terror de voltar para o pau de arara me assaltou. Meu corpo continuava a tremer, eram saltos intermitentes e incessantes. Meus dedos médios das mãos estavam dobrados para dentro involuntariamente. Os nervos do meu rosto também se retraíam em saltos, fora do meu comando. Eu só via por uma fresta do olho esquerdo.

A proximidade da morte era muito real. Cenas da minha vida continuaram a desenrolar-se diante de mim.

Parte III
O segundo voo para a liberdade: juntando-me à resistência

O ano era 1967. Além de trabalhar com o Departamento Nacional de Obras de Saneamento e ser voluntário em um programa de alfabetização no Rio de Janeiro, eu havia me tornado membro da Ação Popular, um grupo político que trabalhava pela democracia e pela soberania nacional e popular, em oposição à ditadura empresarial-militar.

Me foi dada a responsabilidade de convencer intelectuais de projeção a se pronunciarem a favor dos direitos humanos e contra a ditadura. Entre aqueles com quem dialoguei nesse período, dois se destacam: Otto Maria Carpeaux, filólogo austríaco que se dedicou ao conhecimento da literatura de língua portuguesa e brasileira, já idoso, alegre, espirituoso e, ao mesmo tempo, cheio de tristes recordações da ocupação nazista da Áustria. O outro, o pianista e compositor, pintor e cineasta Sergio Ricardo, de espírito rebelde e compromisso inabalável com as lutas de libertação do Brasil e de outros países da América Latina.

Um dia, a polícia bateu na porta da casa do meu pai, onde eu vivia até me formar e me casar. Meu pai, inocentemente, disse a

Local onde funcionou a Oban (1969-1970) e depois o DOI-Codi (1970-1982). Desde 2014 estão em curso ações para tornar o local um Memorial. Foto: Deborah Neves, coordenadora do GT Memorial DOI-Codi.

eles onde eu estava morando, mas, por sorte, a polícia não nos encontrou em casa. Fui avisado com antecedência e saí com minha esposa para São Paulo, onde um velho amigo, Frei Betto, que era irmão do Convento dos Dominicanos, ajudou-nos a nos familiarizarmos com a megacidade. Logo comecei a trabalhar novamente com um projeto de alfabetização envolvendo trabalhadores desfavorecidos. Fui convidado a ensinar Ciências Geológicas no Colégio Santa Cruz e trabalhei por um tempo na revista *Realidade*. Para complementar a renda, eu também dava aulas particulares de Matemática Moderna. Vivemos assim até o fim do meu casamento. Depois que nos separamos, larguei tudo e me preparei para trabalhar como operário metalúrgico. A preparação incluía conviver com operários, aprender a linguagem com que se comunicavam, integrar-me em suas atividades de lazer, como jogar dominó. Meu primeiro emprego como metalúrgico foi na Sofunge, uma fundição controlada pela Mercedes

Benz no bairro da Lapa. Minha motivação era ajudar outros trabalhadores a aprender a ler, escrever, fazer cálculos e lutar pelos seus direitos.

O terror era minha emoção mais forte. Meu corpo estava debilitado, e a ideia de sofrer a mesma brutalidade novamente me assombrava. Ao mesmo tempo, sentia que de repente podia ver o tempo claramente. Por mais terríveis que fossem aqueles momentos, eu sabia que não durariam para sempre – ou eu morreria ou seria libertado. A coisa mais importante era viver cada momento da forma mais honrada possível, com o espírito de um guerreiro da luz e da paz. Aqueles que me torturavam não seriam o depósito do meu ódio – isso pertencia ao sistema social que os havia formado, que os havia desfigurado brutalmente. O que faziam comigo e com os outros, na verdade, faziam consigo mesmos como membros da raça humana.

Onde estaria eu dali a um mês? Dali a um ano? Pensar em como gostaria de me sentir dali a um ano, ou dez, se sobrevivesse, fortaleceu minha vontade para suportar o pavoroso presente. A vida respondeu à minha pergunta com uma generosidade que não incluiu muitos dos outros prisioneiros e vítimas de tortura. Um mês depois, eu estava em um hospital militar, recebendo tratamento e me preparando para ser interrogado e torturado novamente. Um ano depois, eu estava chegando com minha mãe a Washington, D.C., e começaria os onze anos e meio de exílio.

Minha simples percepção do fluxo do tempo e da importância de cada momento deu-me forças renovadas. No entanto, eu não conseguia mais dormir. Considerei tentar escapar, mas sabia que eles me matariam. Estava sendo mantido dentro de um complexo militar e estava muito fraco para ficar de pé. Meu corpo sofria convulsões regularmente e continuaria assim pelos próximos oito meses.

Quando os torturadores acordaram e verificaram minha condição, viram que eu permanecia prostrado no chão, meu corpo tremendo com convulsões intermitentes. Decidiram levar-me ao hospital militar. Foi quando percebi que minha perna esquerda, que havia sofrido choques elétricos ao longo de seis horas, tinha endurecido como um pedaço de madeira. Quando tentavam colocar meus sapatos, não conseguiram, mesmo depois de bater com os punhos e com chutes no meu pé retorcido, tentando forçá-lo a entrar no sapato. Afinal, fiquei sem o sapato. Fui levado de ambulância para o hospital, algemado. Lá, me colocaram em uma cela no ambulatório dos soldados. A cela era vigiada por alguns dos torturadores da Operação Bandeirantes, que se deleitavam em me dizer com seus sorrisos sádicos: "Você não escapou de nós. Vamos pegar você novamente!".

Fiquei lá por um mês e meio, alternando entre sessões de interrogatório com os torturadores e tratamento médico.

Trabalhei em fábricas e no sindicato por cerca de dois anos. Foi uma experiência difícil, que me ensinou muito, especialmente através das minhas relações com outros trabalhadores e com membros do sindicato, em especial com a Oposição Sindical Metalúrgica de São Paulo. Eles me ensinaram sobre amizade, sinceridade, confiança e uma cultura muito diferente da minha. Experimentei um choque cultural maior vivendo e trabalhando entre os operários da fábrica do que quando vivi no exílio fora do Brasil. A diferença entre classes sociais e níveis educacionais pode ser maior do que a diferença entre nacionalidades e línguas. Essa era a minha visão como geólogo que vinha da classe média. Mal se pode imaginar o enorme abismo que separa os brasileiros ricos dos das classes de baixa renda, que sofrem todo tipo de carência e mal ganham o suficiente para sobreviver.

Meus colegas de trabalho falavam uma língua semanticamente diferente e tinham outros costumes, outra estética e uma forma de se relacionar entre si bastante diferente da minha formação. Tive que reajustar minha visão de mundo para me integrar ao mundo deles. Foi uma experiência nova e rica em cultura e consciência.

Antes de me mudar para o subúrbio operário da Vila Baronesa, vivi por cerca de um ano em um apartamento em Perdizes com Pedro Alexandrino de Oliveira, que era como um irmão mais novo para mim. Pedro era um funcionário de banco que havia se juntado à Ação Popular e foi trabalhar em uma fábrica em Osasco. A mudança foi difícil para ele. Pouco mais tarde deixou a Ação Popular e entrou para o Partido Comunista do Brasil. Em um ato de extraordinária coragem, ele se juntou ao grupo que foi trabalhar com os camponeses na bacia do Araguaia. O grupo sofreu uma repressão brutal dos milhares de soldados enviados para exterminá-los. O paradeiro de Pedro nunca foi resolvido. Sua mãe, Diana Piló de Oliveira, continuou até morrer a lutar incansavelmente para preservar a memória de seu filho heroico e encontrar seus restos mortais.

Em Perdizes, conheci vários lutadores pela liberdade. Dois deles, Manoel da Conceição e José Barbosa, tornaram-se meus amigos por toda a vida. Manoel havia vindo do estado do Maranhão para São Paulo para receber uma perna protética no lugar da que havia perdido por causa da brutalidade policial. A polícia havia massacrado homens, mulheres e crianças que se reuniam em uma cabana de campo durante uma liturgia liderada por Manoel, que era pastor evangélico. Manoel foi baleado várias vezes na perna pela polícia e foi jogado na prisão sem atendimento médico, até que a gangrena se instalou. Somente então foi levado a um hospital para ter sua perna amputada. Esse foi apenas um dos muitos crimes do então governador José Sarney, que mais tarde se tornou presidente do Brasil e permaneceu, até há poucos anos, o "imperador" do Maranhão. Depois de preso duas vezes e brutalmente torturado, e tendo passado alguns anos exilado na Suíça, Manoel retornou ao Vale do Pindaré. Fundou e coordenou o Centro de Educação dos Trabalhadores Rurais (Centru) em Imperatriz, Maranhão.

José Barbosa era um líder dos metalúrgicos em Santo André, na Grande São Paulo, e foi um dos organizadores do grande comício de 1º de maio de 1968 no centro de São Paulo. A repressão do governo ao comício foi violenta, e Zé teve que se esconder. Eu fui responsável por ajudá-lo a escapar. Ele passou quase dez anos exilado em Genebra e na Guiné-Bissau, onde trabalhou no Instituto de Ação Cultural, coordenado por Paulo Freire, de cuja equipe eu também era membro. Zé e eu passamos vários anos juntos em Genebra e Guiné-Bissau. De volta ao Nordeste, Zé se instalou em Olinda, Pernambuco, até sua morte.

Em novembro de 1968, consegui um emprego na Sofunge, uma subsidiária da Mercedes Benz, em uma fábrica que empregava 3 mil operários. Mudei de Perdizes para uma casa na Vila Baronesa, uma comunidade pobre que não tinha água encanada. Embora eu gostasse da companhia dos outros trabalhadores, senti a dura realidade de nossa situação. Éramos obrigados a trabalhar doze horas por dia, e seis dias por semana, recebendo apenas o salário mínimo. Lembro-me de uma conversa com meus colegas de trabalho:

– A lei no Brasil diz que deveríamos trabalhar apenas oito horas por dia, mais uma nona hora para o almoço. Estamos trabalhando três horas extras por dia, sem ser pagos! – Para receber horas extras, trabalhávamos até quinze horas por dia, ou no domingo, o que ocorria com certa frequência.

– Mas eles pagam hora extra – alguém respondeu.

– Mas só recebemos um salário mínimo, e a hora extra não vale o esforço. Eu sou sozinho, mas o João é casado e tem um filho pequeno. Ele chega em casa exausto e só tem um pouco de tempo no domingo para estar com sua família.

Na terceira ou quarta semana de cada mês, todos ficávamos sem dinheiro para pagar o transporte para o trabalho. Acordávamos uma hora mais cedo para caminhar, a fim de estarmos em nossa máquina às 5h55 da manhã. E caminhávamos de volta para casa, doze horas depois, ou ainda mais tarde quando tínhamos hora extra para produzir um excedente a pedido da empresa.

Entre o trabalho na fábrica, as reuniões e as visitas de fim de semana dos meus colegas da Ação Popular, eu praticamente não tinha tempo para lazer. Só mais tarde entendi que as dificuldades de organizar os trabalhadores na Sofunge estavam ligadas aos problemas do Nordeste, de onde veio a maioria dos trabalhadores. Eles me explicaram que sofriam carências maiores no Nordeste do que vivendo e trabalhando em São Paulo, mesmo sem qualificações profissionais.

Um dos meus colegas explicou:

– Eu vim do Ceará, no Nordeste. Vivi uma seca miserável. A falta d'água e a pobreza me empurraram para São Paulo na esperança de encontrar um meio de vida mais digno. É verdade que a Sofunge melhora nossas vidas. Podemos comer duas ou três vezes ao dia, e eu recebo um salário no final de cada mês. Tenho uma casinha alugada e um colchão para mim, minha esposa e nossos filhos.

Fui obrigado a interromper meu trabalho na Sofunge quando quebrei o pé. Aproveitei meu tempo livre para visitar minha família no Rio de Janeiro. Voltei para a fábrica, e alguns meses depois comecei a tossir muito. Um raio X mostrou que eu tinha uma infecção no pulmão.

Em uma manhã de domingo de 1970, o silêncio reinava no hospital militar em São Paulo. A enfermaria dos soldados estava vazia. Parecia que eu era a única alma habitando aquele espaço. Eu conseguia ver bem-te-vis e sabiás em uma árvore do lado de fora. Como eu desejava levantar-me e observá-los da janela. De repente, ouvi o som de chaves abrindo o pesado cadeado que trancava a porta de ferro. Dois oficiais à paisana da Operação Bandeirantes entraram. Eu tremi. Um deles rapidamente se aproximou da minha cama e rugiu:

– Agora você vai ver quem é o Adão, seu filho da puta!

Assim, sem mais, ele começou a socar meu estômago com ambos os punhos. Eu estava prostrado, meu corpo tomado por espasmos nervosos. Minha perna machucada estava imóvel. Meu olho direito estava fechado, e o esquerdo mal abria. Tentei me proteger com os braços enquanto gritava por ajuda. Minha enfermeira era uma freira chamada Irmã Catarina. Após alguns minutos de terror, a Irmã entrou. Ela estava indignada. Ela ordenou que os dois oficiais saíssem e ameaçou chamar o capitão, o chefe da segurança do hospital. Irmã Catarina não acreditava que eu tinha sido torturado. Embora fosse gentil e atenciosa, certa vez ouvi ela dizer enquanto eu recuperava a consciência após uma convulsão: "Para ele estar aqui, ele deve ter feito algo". Agora ela tinha provas de que minha história era verdadeira.

– Irmã, não posso continuar com esses torturadores vigiando minha cela. Eles me ameaçam todos os dias, e hoje você viu o que podem fazer! Preciso denunciar o comportamento deles ao capitão!

O raio X havia revelado uma infecção nos meus pulmões.

– Doutor, o que eu tenho? – eu perguntei.

– Ainda não está claro, mas você não pode continuar a trabalhar doze horas por dia. A partir de agora, você só pode trabalhar oito horas por dia, como diz a lei.

– Mas eles vão me demitir! – eu respondi, tanto assustado quanto indignado.

– Não se eu der um atestado médico para você entregar na fábrica.

Entreguei o documento à divisão de pessoal, e alguns dias depois fui demitido. Fui ver meu supervisor.

– Por que vocês estão me demitindo? Estão insatisfeitos com meu trabalho?

Ele respondeu:

– De modo algum. Você é um excelente trabalhador, e estamos satisfeitos. O problema é que você não pode trabalhar as horas que a fábrica exige.

– Mas foi isso que me deixou doente!

– Isso não está em questão. A fábrica precisa de empregados que possam fazer o que é necessário. Todas as manhãs, há uma fila de pessoas pedindo trabalho que aceitam nossas condições sem se queixarem.

Eles mudaram minha guarda. Substituíram os torturadores por uma equipe da polícia militar composta por dois soldados. Passei o próximo mês e meio sendo examinado, testado e tratado com medicação anticonvulsiva. Então, um dia, eles me mandaram de volta para a Operação Bandeirantes. Entrei em pânico. Me trancaram em um quarto no andar de cima, onde os prisioneiros eram torturados. Me mandaram escrever um depoimento. Minha mão ainda tremia. Eu não tinha controle motor suficiente para escrever facilmente. Fiquei lá por cerca de quatro ou cinco dias.

Fui levado do quarto para uma sala grande onde me colocaram frente a frente com dois policiais e, para minha surpresa, Marlene. Ela era a mulher que eu havia conhecido poucos meses antes. Tínhamos combinado de nos encontrar em um restaurante no bairro da Lapa, na zona sul da cidade. Foi lá que a polícia me pegou. Agora, ela parecia bem. Era claro que eles queriam que eu revelasse informações. Eu pensei que eles simplesmente iriam me questionar para que ela e eu caíssemos em contradição. Eu estava enganado. Foi outra sessão de brutalidade. Assim que a vi, comecei a falar:

– Você disse a eles que eu... – mas fui interrompido quando um dos oficiais gritou:

– Cala a boca! Sou só eu quem fala aqui. Você responde, nada mais!

Em seu depoimento, publicado no livro *Brasil, nunca mais*,[1] Marlene relata que, antes de eu entrar na sala, disseram-lhe para se preparar para ver o Frankenstein. De fato, um mês após ter sido torturado, eu ainda estava em péssimo estado. Meu rosto estava um pouco contorcido, apenas um olho parcialmente aberto, e eu caminhava com a ajuda de um cabo de vassoura. Mal conseguia levantar a perna esquerda do chão, e meu estômago e braços tremiam levemente. Ela me cumprimentou com uma expressão de choque e tristeza. Marlene parecia honesta e corajosa, e eu não sentia raiva dela.

– Nos últimos dois meses, mantivemos Marlene na Prisão Tiradentes, e ela colaborou conosco e nos contou tudo o que sabia. Sua história sobre você, no entanto, não corrobora o que você nos disse. Se alguém está mentindo, é você.

– O que eu disse era a verdade. Não tenho mais nada a dizer.

---

1 Arns, *Brasil, nunca mais*.

Eles tiraram Marlene da sala. Bateram no chão com um porrete de madeira, enquanto ela fingia gritar. De volta à sala, ela não parecia abalada. Mais perguntas. Silêncio. Quando a tiraram da sala pela segunda vez, ela soltou um grito alucinante e voltou tremendo dos pés à cabeça. Eles estavam torturando Marlene para me forçar a falar. Queriam saber onde eu morava, com que pessoas, com que colegas na fábrica eu me relacionava, a que organização eu pertencia. Eu enfrentava duas opções impossíveis: permanecer em silêncio e permitir que ela sofresse, ou dar os nomes de outros que seriam presos e torturados. No meio dessa situação desesperadora, ouvimos um grande barulho vindo da escadaria. Fomos rapidamente levados às nossas celas. A equipe do capitão Albernaz havia prendido um novo grupo de jovens e precisava torturá-los imediatamente.

De volta na minha cela, eu conseguia ouvir os gritos imperiosos dos soldados, misturados com os gritos de dor dos novos prisioneiros. Eles recebiam choques elétricos e eram espancados. É impossível descrever o sofrimento e a impotência que se sente ao ouvir a dor de outros jovens saudáveis e idealistas sendo torturados, talvez mortos. Era um Reinado do Terror – dessa vez, o Terror do Estado. Eu rezava para que esses jovens pudessem encontrar sua força interior e resistir.

De repente, houve uma batida suave vinda de baixo da minha cama. Eu olhei, mas não vi ninguém. Outra batida. Era suave, mas insistente, como alguém pedindo para entrar, e parecia vir de baixo da minha cama...

Por duas semanas, fiquei sem trabalho. Vivenciei a impotência de todo trabalhador que se sente injustamente maltratado e sem recursos para reagir. Devido ao ar poluído na minha área da fábrica, eu havia ficado doente. Por ter recebido tratamento médico e sido obrigado a trabalhar "apenas" as horas estabelecidas por lei, fui demitido, sem nenhuma compensação. Fora da fábrica, eu acordava cedo todas as manhãs e ia visitar outras fábricas na área para tentar encontrar trabalho.

Incapaz de encontrar outro emprego em uma fábrica, fui para uma escola de formação profissional para começar um curso para inspetor de controle de qualidade. Pouco tempo depois, encontrei um emprego em uma pequena fábrica de metalurgia que distribuía produtos especializados de aço. A empresa chamava-se Stora, uma subsidiária de uma grande companhia transnacional sueca de mesmo nome. Como assistente, eu era responsável por supervisionar o transporte de cargas pesadas de metal dentro da fábrica. Meu tempo lá foi curto, no entanto, porque a empresa reclamou do meu pedido para não trabalhar horas extras a fim de frequentar a escola de treinamento. Fui demitido.

Sem trabalho, comecei novamente a procurar um novo emprego.

– Você, você e você, entrem. O resto de vocês, vão embora; não há mais vagas!

Eu fui um dos rejeitados na metalúrgica Metal Leve, naquela manhã. Caminhei tristonho ao lado de outro trabalhador rejeitado. Ele estava chorando.

– Nos últimos meses, gastei todo o meu dinheiro apenas procurando trabalho, e não encontrei nada! Se eu pegar um ônibus para casa, não vou ter dinheiro para comprar comida para minha família. Se eu comprar comida para minha família, então não posso procurar trabalho. Estou desesperado.

Incapaz de ajudá-lo, senti grande compaixão, indignação e tristeza. Nos separamos, e eu lhe desejei tudo de bom. Essa era a vida dos metalúrgicos e suas famílias na cidade mais industrializada da América do Sul. A modernização liderada pela ditadura militar, baseada no lucro e na acumulação de capital nacional e transnacional, veio à custa da exploração dos trabalhadores e da aceleração da destruição ambiental. Esse processo ganhou ímpeto na década de 1970. À medida que a economia crescia e se expandia, também aumentava a disparidade entre ricos e pobres. Eu vivi essa realidade brutal com meus colegas de trabalho. Ganhei experiência concreta que reforçou minha indignação contra o capitalismo. Isso serviu para fortalecer minha resistência à tortura, quando chegou minha vez.

– Você está aí?

Era a voz da Marlene, vinda da tomada elétrica debaixo da minha cama. Ela estava sozinha? Havia um soldado ao lado dela? Microfones foram instalados para gravar nossa conversa? Será que eu podia confiar nela?

– Sim, estou ouvindo.

– Quero te dizer como estou devastada por ter causado sua prisão. Fui torturada por quatro dias antes de ceder. Não tenho palavras para pedir seu perdão. Outras três pessoas também foram presas por minha causa.

Senti a profunda dor que a afligia. Ela estava sendo sincera. Lágrimas escorreram pelo meu rosto. Ela continuou:

– Quero que você saiba que espalhei a notícia de que você está sendo mantido preso pela Operação Bandeirantes. As pessoas da Ação Popular já sabem, e sua família também.

Essa notícia foi como um raio de sol. Afinal, minha família e a AP sabiam onde eu estava. Meus amigos teriam deixado nossa casa, destruído quaisquer pistas sobre seus paradeiros e informado minha família sobre meu encarceramento. Minha mãe poderia divulgar minha situação nos Estados Unidos. Os soldados não poderão me fazer desaparecer tão facilmente.

– Mais uma coisa – Marlene continuou. – Amanhã eles provavelmente nos torturarão novamente. E eles podem me torturar para fazer você falar. Marcos, mesmo que eles me matem, não mude sua história. Seja fiel até o fim! Se você mudar um pouco, eles vão querer mais, até que te matem ou você diga o que não queria.

Ela estava oferecendo sua vida em troca da minha! Leal companheira, heroica mulher!

– Eu não posso deixar de ir ao encontro com Marlene – eu disse a Hasiel, um homem de grande coragem e amigo fiel.

Ele insistiu que era arriscado demais, pois muitas das pessoas com quem ela estava conectada haviam sido presas. Eu estava vestindo um par de calças azul-claro, gastas, uma camisa velha e sapatos desgastados. Eu carregava apenas um pequeno pedaço de papel, que continha compromissos semanais. A caminho de encontrar Marlene, comprei o jornal *Estado de São Paulo*. Marlene, uma dentista de Santa Catarina, queria deixar a organização clandestina Resistência Democrática, também conhecida como Rede, e juntar-se a nós na Ação Popular para trabalhar em uma fábrica. Não havia tempo a perder. O grupo ao qual ela pertencia estava sendo dizimado pelo aparelho repressivo da ditadura. Ela precisava de um lugar para se esconder.

Hasiel me acompanhou até a parada de ônibus.

– Não vá, Marcos – ele disse de forma amigável.

– Se ela ainda não foi presa, ela estará perdida, sem ter para onde ir.

– Mas nem você mesmo tem um lugar para ela se esconder.

– Você está certo, mas posso dizer a ela que continuarei procurando um lugar, e podemos marcar outro encontro, caso eu encontre um lugar para ela ficar.

Hasiel estava certo. Se eu tivesse encontrado um lugar para ela se esconder... Mas nossas tentativas de encontrar algo para ela, mesmo um local temporário, foram frustradas. Eu pensava naquela mulher corajosa. Ela tinha menos de 40 anos, e nós havíamos dado aulas de alfabetização juntos. Agora, ela precisava da nossa ajuda.

Dois policiais brutos se aproximaram de mim. Um girou minha cadeira e o outro me acertou com um "telefone" – um golpe especial em que ele juntou os dedos das duas mãos e simultaneamente bateu em ambos os meus ouvidos. Quase desmaiei com a violência do golpe. Eu estava tonto e sem forças. O mais jovem dos dois soldados era mais agressivo:

– Fale agora, ou vamos acabar com você! – Ele me deu um tapa violento no rosto. Eu não disse nada.

– Vamos embora – disse ele ao outro policial. Os dois deixaram a sala, mas as paredes de Eucatex permitiam que eu ouvisse a conversa deles.

– O que podemos fazer para esse filho da puta falar?

Quando ouvi a frustração deles, meu coração se encheu de coragem. Então, eles eram os impotentes. Sentiam-se derrotados porque não conseguiam dobrar o meu espírito.

De volta à minha cela, me senti ainda mais renovado porque não haviam torturado Marlene novamente. Fiquei intrigado. Não havia ninguém na sala ao lado da minha. Imaginei que ela tivesse sido devolvida à Prisão Tiradentes.

No dia seguinte, fui levado a outra sala.

– Sou médico e general – disse o homem de cabelos brancos com um ar educado. Ele contrastava fortemente com todas as outras pessoas que eu havia encontrado naquele ambiente sombrio.

– Tenho algumas perguntas para fazer a você, e quero respostas verdadeiras – ele disse.

– Sirva um café para ele – ordenou ao oficial ao seu lado. Ele continuou, voltando-se para mim:

– Sabemos que você tem uma profissão. Você é geólogo. Como é que você está trabalhando em uma fábrica por um salário mínimo?

E então, como se para me testar, começou a fazer perguntas sobre tectônica e bacias sedimentares. Depois começou a falar sobre política. Ele queria saber por que eu estava na cadeia e em tão mau estado.

– Fui severamente torturado.

– Aqui não há tortura. Deve ser outra coisa – respondeu o general secamente.

Ele disse que tinha todas as provas de que precisava para estar convencido de que eu era membro da Ação Popular. Ele estava sendo educado, mas eu sabia que essa era uma velha tática policial. Geralmente, os interrogadores de um prisioneiro são trocados. Diferentes interrogadores são usados para diferentes propósitos: um te elogia, trata você bem e te dá a impressão de ser amigável. Então ele sai, e seu substituto entra com violência. Neste caso, a conversa continuou até eu decidir que deveria terminar, já que não conseguíamos chegar a um entendimento.

– Nunca ouvi falar desse grupo Rede do qual você está falando. Sou membro da Ação Popular. Lutamos contra as desigualdades sociais que são absurdas em um país tão rico quanto o Brasil. Lutamos para que as riquezas do país beneficiem todos os brasileiros e não apenas a elite no Brasil e nos Estados Unidos. Você diz que essa luta é uma causa perdida, que tudo o que preciso fazer é colaborar para que eu possa ser libertado e seguir com minha "vida normal", mas, como geólogo, eu não vejo o mundo ou sua história através da lente do imediato. Para mim, nossas vidas são feitas de décadas e até séculos; a história é medida em milênios, e a terra em bilhões de anos. E tudo está mudando constantemente. Vocês podem manter o controle por alguns anos, mas, olhando para frente, vocês já perderam, pois o Brasil não suportará isso por muito mais tempo.

O general perdeu a calma e gritou:

– Você é mais perigoso do que cem guerrilheiros armados!

Em seguida, ele se virou para seu assistente, dizendo:

– Leve-o e o coloque no regime de pão e água.

Eles me colocaram em uma cela no térreo com outros três prisioneiros, dando-me apenas pão e água. Lembro-me pouco da conversa que tive com eles. Eram tempos de desconfiança geral, e eu estava traumatizado. As condições na cela eram deploráveis. Não havia banheiro, e as barras das janelas davam para o pátio. Estava um frio congelante.

Naquela noite tive outra convulsão. Havia passado tempo demais sem a medicação anticonvulsiva que eu deveria tomar três vezes ao dia.

Desci do ônibus e olhei em volta para ver se havia alguma pessoa ou grupo suspeito me esperando. Virei-me para a esquina e, daquele ângulo, pude ver, do outro lado da rua, o restaurante onde eu iria encontrar Marlene para almoçar. Ela estava na porta. Quando me viu, acenou. Eu respondi. Imediatamente, senti o cano de uma pistola pressionado contra meu lado. Dois policiais me agarraram pelos braços, um de cada lado. Deixei cair o jornal que estava segurando embaixo do meu braço esquerdo. Eles me obrigaram a pegá-lo. Vi que não tinha tempo para esconder o pequeno pedaço de papel que tinha minhas atividades semanais listadas. Coloquei-o na boca e tentei engolir. Minha boca estava seca devido à tensão. Eles imediatamente começaram a socar meu estômago e apertar minha garganta para forçar minha boca a abrir. E conseguiram. Tudo isto, ali em pleno Largo da Lapa.

Em seguida, me empurraram para dentro de um velho jipe Rural Willis azul e branco. Marlene se sentou no banco da frente ao lado do capitão Albernaz. Eu me sentei entre dois policiais, que apontavam suas metralhadoras para mim. Todos vestiam roupas civis.

À medida que o jipe acelerava, o capitão Albernaz disse:

– Marlene, mostre a ele o que o espera.

Ela não virou o rosto, apenas levantou os dois pulsos algemados. Suas mãos estavam muito inchadas, enfaixadas e cobertas de hematomas, como duas grandes bolhas de sangue pisado.

Finalmente paramos dentro do Complexo da Polícia Militar, na Rua Tutoia. Fui empurrado para fora do jipe, e o capitão Albernaz me entregou a uma equipe que estava me esperando no pátio. Fui levado à entrada de um prédio de dois ou três andares no meio do complexo, onde fui forçado a subir as escadas para dentro. Ninguém disse nada. Entramos em uma sala, e eu pude ver no fundo dois cavaletes de madeira com uma barra de ferro no topo. Perto da parede havia um telefone com fios expostos à espera do meu corpo.

– Tire suas roupas, sapatos, meias, tudo! – eles gritaram.

Eram quatro deles – um capitão e três capangas. Todos estavam com roupas civis. Fui amarrado de cabeça para baixo à barra, e só depois de começarem a administrar choques elétricos é que finalmente começaram meu interrogatório.

Entre cinco e seis horas depois, fui baixado, meio morto, do pau de arara até o chão. Minha vida pareceu passar diante de mim, preparando-me para transitar para outra existência.

Parte IV
Faz-se o caminho ao andar: liberado da tortura

Naquele momento a vida parecia um rio com duas vias igualmente abertas diante de mim: uma era a via da morte, a outra, a da sobrevivência.

> – Sua avó está aqui, na porta do Hospital. Se você disser somente uma coisa – onde você mora – ela vai poder vir te ver. Olhe aqui, eu trouxe um bilhete dela pra você.

Quem falava era um sargento que não escondia o nome sobre o bolso esquerdo do jaleco: Sardinha. Ele era simpático e de bons modos ao tratar comigo. É verdade que eu estava entrevado no leito do hospital, a perna esquerda havia perdido o tônus, estava com os músculos em processo de atrofia. Um olho fechado, o outro semicerrado, o corpo dando saltos intermitentes que me acompanhariam durante vários meses. O ombro direito queimado de cigarros em brasa. Os pulsos ainda inchados e feridos pelas cordas e pela tração da gravidade que os castigou durante as horas que passei dependurado no pau de arara.

O bilhete da vovó me incitava a colaborar. Ela devia ter escrito o que eles disseram para ela. Depois de "Meu filho querido," estava escrito, com a letra dela, "Sua guerra acabou. Colabore com a polícia e vou poder vir te ver e matar essa saudade tão grande que nos maltrata...".

– Não tenho nada a contar além do que já disse – respondi.

Não deixaram a vovó me ver. Só bem mais tarde foi que vieram a mamãe, a vovó, o papai e as minhas irmãs Martinha e Mônica, duas pessoas de cada vez. Mas essa quebra da incomunicabilidade não incluiu nosso advogado, Técio Lins e Silva, nem durou mais do que poucas semanas. A cada sequestro de embaixador, trancavam-se as portas da minha cela outra vez. Na verdade, passei cerca de oito dos nove meses de prisão na condição de incomunicável.

O advogado de Marcos, Técio Lins e Silva.

Fonte: Técio Lins e Silva.

No breve interregno em que pude ser visitado, estava na minha cela um jovem argentino, recém-chegado da Itália, Hugo Miguel Moreno. Durante alguns dias após ter retornado da acareação com Marlene, na Oban, eu estive semiconsciente. Foi nesse tempo que Hugo veio para a minha cela do Hospital, trazendo da tortura uma hemorragia renal que preocupou os médicos-carrascos. Passei não sei quantos dias com o que me disseram ser amnésia.

Fui tratado com eletrochoques, dados em duas ocasiões! Assim mesmo, gradualmente, melhorei e, já em condições de me comunicar, tive a luminosa notícia de que mamãe estava ali para me visitar. Foi uma sensação indizível, ser abraçado por ela e sentir a vida de novo pulsar no meu corpo, reforçada pela presença amorosa de quem me trouxe a este mundo. Nesse abraço, choramos de alegria e gratidão à vida por aquele momento sublime.

O capitão responsável pela segurança do Hospital teve a delicadeza de nos deixar a sós. Contei a ela o que eu tinha vivido e pedi-lhe que levasse para o consulado argentino a mensagem que Hugo havia escrito, pedindo socorro e quebra da incomunicabilidade! Quanta gratidão sinto por ela, com sua ariana coragem, por tê-lo salvo das garras sanguinárias da Oban! Hugo hoje vive em Paris, é casado com Marie Christine e juntos têm um filho, com o nome sugestivo de Aureliano. Hugo é professor de História na Universidade de Paris, um fervoroso admirador da mamãe e um irmão para mim!

Outras emoções eu vivi com as visitas de vovó, papai e minhas irmãs... Algumas semanas se passaram, eu fiquei novamente incomunicável. Por que não me davam o direito de receber a visita do meu advogado? Com efeito, a lei era discriminatoriamente aplicada, reinava o casuísmo e o terror de Estado.

Uma luz brilhou quando me disseram que eu estava sendo transferido para o Rio de Janeiro. Finalmente, eu iria me libertar da presença aterrorizante dos torturadores da Operação Bandeirantes.

Parte V
Árvores e sabiás: recuperando a vida

Fui transportado por uma ambulância completamente blindada, eu deitado em uma maca, sem qualquer vista para fora ou para a frente. Quando afinal estacionaram dentro de um edifício, imediatamente me vendaram e me levaram algemado para o interior do prédio principal do quartel.

Era o quartel da Polícia do Exército, situado na Rua Barão de Mesquita, na Tijuca, Rio de Janeiro. Depois de fotos e revistas detalhadas, me levaram para o Hospital Militar de Triagem, não muito longe do quartel. Lá fui trancado a sete chaves em um quarto de paredes brancas e com um leito de doente e uma mesa de cabeceira. Uma pequena trégua do tempo de terror que eu vivia continuamente desde que caíra nas garras da Oban. Ali eu estava mais perto da família. Com certeza, seria mais fácil para ela conseguir licença para me visitar. Lá eu não ouviria os gritos dos torturados.

Através da parte alta da janela gradeada, eu podia ver alguns ramos de mangueira e ouvir os passarinhos de manhãzinha e no fim da tarde. No silêncio do sol nascendo e se pondo, seus trinados ou chilreios criavam uma sensação de infinito. Eu amava em particular o sopro dos ventos nas árvores e o canto dos sabiás. Minha imaginação era como uma tela sobre a qual a diversidade das melodias que faziam desenhava cores e formas sempre novas e sempre mais envolventes. Mas não demorei a dar-me conta de que eu estava como que enterrado em um caixão branco, completamente só.

Interiormente, em vez de eu sair da ameaça imediata de mais tortura para um patamar superior de esperança da libertação, mergulhei ainda mais fundo na noite escura da solidão. Ninguém falou comigo durante várias semanas, nem mesmo o servente que me trazia as refeições. Quando eu o saudava ao entrar com a bandeja, ele ficava calado ou murmurava uma resposta intraduzível. Só mais tarde, em fins de semana, foi que apareceu um homem bom e honrado, seu Valter, que aos poucos começou a responder às minhas falas e a ouvir a minha história. Ele era alto, magro, moreno e, quando sorria, escancarava um coração sensível e uma boca maltratada, com vários dentes faltando.

Construída a confiança, seu Valter tornou-se um precioso amigo e cúmplice durante aqueles meses em que fiquei no Hospital Militar de Triagem. Ele mostrava entender a razão da nossa luta e, silenciosamente, nos dava todo o seu apoio. Pouco a pouco foi verbalizando sua indignação contra o fato de moços e moças lutadoras chegarem ao hospital com seus corpos estropiados e seu espírito aterrorizado pela perspectiva de mais tortura; contra a frieza dos médicos militares, que cuidavam delas e deles apenas até o ponto em que pudessem ser de novo entregues aos torturadores. Seu Valter também falava contra as injustiças que viviam ele e um mundo de trabalhadores, que são a maioria da população do Brasil. Enfim, era um homem materialmente pobre, mas rico de coragem, refinada consciência e espírito solidário.

Quartel da Polícia do Exército, situado na Rua Barão de Mesquita, Rio de Janeiro.

Fonte: Wikicommons.

Já o diretor da área em que me internaram era uma figura soturna e contraditória. Chamavam-no Doutor Bola, e corria o boato de que era dermatologista e instrumentista. Ele era gordo, de meia-idade e de pouco trato. Ao mesmo tempo, tocava um cavaquinho e gostava de serenatas. Nunca tive uma conversa com ele. Supervisionava presas e presos e os preparava para retornarem aos interrogatórios do DOI-Codi.

Pela enfermaria em que eu estava, passaram presos de personalidades diversas, desde militantes convictos até presos comuns. Tínhamos direito a meia hora de banho de sol no pequeno pátio que separava duas alas da enfermaria, a nossa e a das mulheres. Quem nos contou sobre as presas foi seu Valter.

E foi ele também que levou meu primeiro bilhete para elas, escrito em uma folha em branco que rasguei de um dos poucos livros que eu pude ler na prisão. E, isto, somente depois que me transferiram do quarto para a enfermaria.

Por intermediação do seu Valter, conheci a Estrella. Era uma jovem de 21 anos, recém-casada, que trabalhava junto a operários em Volta Redonda. Ela sofrera torturas que incluíram chutes no seu ventre, quando ela disse aos torturadores que estava grávida. Chegou ao hospital com hemorragia do útero. Em um dos bilhetes, combinamos de tentar conversar pela janela das nossas celas-enfermarias, depois que a noite caísse e ninguém mais estivesse desperto. Foram muitas as noites que passamos em claro, conversando sobre nossas vidas, lutas, amores e esperanças.

A janela era alta e as barras permitiam que nos segurássemos. Eu ficava em pé no batente da janela, e ela, do outro lado do pátio, podia me ver ficando em pé na cama. Por ela, eu soube que outra presa grávida estava na mesma cela. Só depois de onze anos de exílio foi que, um dia, vim a conhecê-la: era Irony Bezerra, cearense brava e dedicada ao trabalho com a classe operária. Estava grávida da Adriana, mais tarde diretora do Centro de Ação Comunitária (Cedac), no Rio de Janeiro, do qual sua mãe foi cofundadora, em 1979. Na cela do hospital, Irony não podia ficar de pé à janela, assim eu não a conheci visualmente até meu retorno ao Brasil, nos anos 1980.

Estrella era uma jovem corajosa. Ela sabia que estava em tratamento para ser retornada aos interrogadores do DOI-Codi. Um dia, no início de dezembro, seu Valter veio até mim muito preocupado:

– Vieram para levar a Estrella! – disse ele. – Você tem alguma coisa pra mandar pra ela?

Apressei-me. Preparei um bilhete para animá-la e lhe dar conforto e coragem. Coloquei nele meu afeto e esperança de que ela seria libertada, mesmo que passados uns meses. Eu só tinha um toco de lápis e um pedacinho de papel. Coloquei o bilhete dentro de uma caixa de dentifrício. Pedi ao seu Valter para dar uma força para ela, pois muito provavelmente seu destino era o DOI-Codi, onde se davam as torturas. Depois, sentei encostado no batente da cama e comecei a tocar para ela a Internacional, na flauta-contralto que meu querido padrinho, Guiga, havia me presenteado. Nessa melodia eu colocava todo o meu sentimento de dor e solidariedade, enquanto as lágrimas escorriam pelo meu rosto.

Recebi uma visita de triste recordação. Um bispo, enviado por dom Aloísio Lorscheider, assomou à porta da enfermaria. Vinha acompanhado do general-diretor do hospital, dr. Galeno. Abriram a porta e colocaram uma cadeira ao lado da minha cama. O diretor se retirou. Eu contei ao bispo sobre minha motivação de trabalhar como operário para sentir na pele o sofrimento deles e poder ajudá-los a defender seus direitos. Contei sobre as torturas contra mim e contra outros com quem convivi naqueles meses. Falei também da minha situação de preso incomunicável, que nunca tivera o direito de encontrar seu advogado.

– Eu não vim aqui para isto – disse o bispo com frieza. – Vim para saber se você vai sair por aí falando disso aos quatro ventos, ou se vai ficar quieto e cuidar da vida.

Fiquei perplexo. Aquele que se dizia representante de Deus estava ali trazendo um recado dos carrascos... Insensível à história que eu lhe havia contado, só tinha uma palavra para mim: conformar-me, calar-me, esquecer... "A esta igreja eu não pertenço!", pensei comigo.

Parte VI
O terceiro voo para a liberdade: voltando para casa

Poucos dias antes do Natal, seu Valter veio me dizer que achava que eu ia ser libertado. Pouco depois, um enfermeiro me trouxe a ordem de preparar minhas coisas para partir. Entregou-me um embrulho com minhas velhas roupas e sapatos. Coloquei meus objetos de higiene em uma pequena bolsa, junto com os poucos livros que vovó me enviara. Escondi dentro das meias os dois ou três bilhetes da Estrella que eu havia conservado, antes de calçar os sapatos.

Meu coração se encheu de alegre expectativa. Iria eu ser realmente libertado? Dei um prolongado abraço no seu Valter, olhei uma vez mais as árvores e os passarinhos que me acompanhavam diariamente lá fora das grades. E desejei nunca mais voltar lá.

Fui transportado com algemas até o quartel da Polícia do Exército, na Rua Barão de Mesquita. No carro estavam um capitão e dois policiais à paisana com metralhadoras. Percebi que o trato era o de sempre, não havia sinais de que eu seria libertado. Mais tarde, pela descrição, identifiquei o capitão alourado como sendo o Gomes Carneiro, um dos mais cruéis torturadores do

DOI-Codi. Vendaram meus olhos com um capuz. As algemas eram do tipo que aperta com qualquer movimento. O jipe sacolejava e elas foram ficando mais apertadas. Minhas mãos incharam rapidamente. Elas doíam muito quando me disseram para descer do jipe, já dentro do quartel. Tiraram as algemas e me deram o cabo de vassoura que servia de bengala para eu caminhar. Fizeram-me tirar os sapatos, mas não as meias, me revistaram minuciosamente, e me conduziram escadas acima.

Os bilhetes da Estrella continuaram comigo, servindo de fonte simbólica da presença dela, alimentando meu espírito de afeto e energia para o que viesse. Fui trancado em uma cela de ladrilhos pintados de verde até o teto, sozinho, em um corredor que tinha umas oito celas. "O que vim fazer aqui?", pensava eu. "Haviam dito que eu ia ser libertado, e cá estou, como se fosse ser torturado outra vez..."

Os jovens soldados, que montavam guarda no corredor, eram chamados de "catarinas". Diziam que eles eram catarinenses e obedeciam cegamente às ordens mais absurdas.

Foi a noite de Natal mais macabra que já vivi. Um preso após o outro, eram levados da cela e retornavam desfeitos, estropiados, ou mesmo vinham arrastados pelos soldados. Ao longo da noite, ouvíamos os gritos lancinantes de cada torturado. Ninguém sabia quem seria o próximo. "Será que esses carrascos têm família? Como podem não respeitar nem este dia de festa, em que se comemora o nascimento daquele que deu a vida por amor à humanidade?"

Novamente, privado de remédio anticonvulsivo, no dia seguinte voltei a ter uma convulsão. Decidiram que eu devia partir.

Fui levado em ambulância de volta à mesma cela-enfermaria do Hospital Militar. Quem me viu partir expressava sua

Marcos no exílio, 1972.

Fonte: Marcos Arruda.

surpresa com o meu retorno. Um funcionário veio me dizer que minha família telefonou e desejou Feliz Natal. Perguntei:

– Você sabia que eu não ia ser libertado?

– Não. Mas acho que deve ser porque houve mais um sequestro, e acham que seu nome pode estar na lista dos presos que devem ser trocados.

– Tenho certeza de que não – respondi. – Como tenho dito sempre, eu não estava envolvido com essas organizações.

Passou-se mais um mês. Exatamente no primeiro dia de fevereiro levaram-me definitivamente. No edifício do Ministério do Exército, conhecido como Ministério da Guerra, ao lado da Central do Brasil, levaram-me à sala de um certo coronel Mello.

– Você vai ser libertado, mas vai voltar aqui uma vez por mês. Vai me contar sobre cada pessoa que você tiver encontrado, e sobre tudo que está fazendo.

Liberdade estreitamente vigiada. Imaginei minha vida tolhida pela espionagem deles, meu medo de encontrar amigos e companheiros, o risco que poderiam correr por minha causa. Fiquei calado.

– Sabemos que você é um subversivo nato. Sua mãe também. Vocês que se cuidem. É tudo que eu digo. Quem não gosta do Brasil, que fique lá fora.

Dias depois, tive outra conversa com o mesmo coronel, quando vim acompanhado do papai.

– Você estudou com os dominicanos, não?

– Estudei com os jesuítas.

– É a mesma coisa. E frequentou os dominicanos. Isso explica sua tendência subversiva. Mas há outra coisa. Arruda é nome de planta. Vocês devem ser judeus, portanto, subversivos.

Assim se pronunciava uma autoridade do Exército Brasileiro sobre um cidadão comum carioca, amante do Brasil e do seu povo.

Não me levaram à casa, nem me deram dinheiro para o táxi. Apenas me deixaram dar um telefonema para a vovó.

– Vovó? Estou no Ministério do Exército, eles vão me deixar ir agora, vou tomar um táxi para sua casa, mas não tenho dinheiro. Por favor, se prepare para pagar o táxi quando eu chegar.

Ela explodiu de alegria.

– Ah, meu filho, nossas orações foram ouvidas afinal!!!

Eu me sentia inseguro e intimidado. Que se passaria comigo quando me deixassem na rua? E se me sequestrassem em seguida, como fizeram com duas presas políticas da Ação Popular, Márcia Savaget e Marijane Lisboa? Foi preciso uma greve de fome dos companheiros que estavam presos pelo Cenimar (Centro de Inteligência da Marinha), na Ilha Grande, para elas serem soltas. A greve de fome teve cobertura internacional e o terror de Estado do Brasil ficou demasiado exposto.

Se me sequestrassem agora, ninguém ficaria sabendo... Não tive nenhuma sensação de liberdade ao pisar sozinho a calçada da Avenida Presidente Vargas. Procurei rapidamente um táxi, sempre temendo que tivessem feito uma armadilha para mim.

Mas o sentimento era, assim mesmo, extraordinário. Eu era como um dos meus queridos sabiás da Triagem, a porta da gaiola fora aberta e eu agora podia voar. O céu não mais entrecortado por grades, as ruas, os carros, as pessoas caminhando, certamente ignorando o terror que tantas e tantos de nós estávamos vivendo, eu desacompanhado. Depois de nove meses sem quase nunca estar só, sem o direito de me movimentar, tolhido até de pensar, pelo sentimento de terror da tortura sempre iminente... eu, agora, desacompanhado, indo para casa da vovó e da tia Elza, irmã da mamãe e minha madrinha. "Meu Deus, estou ressuscitando! Estou ganhando a vida de presente outra vez!"

O táxi me levou até a Rua Voluntários, em Botafogo, sem incidentes. Ao descer defronte do prédio onde moravam vovó e tia Elza, percebi no outro lado da rua um carro com dois homens à paisana. Apertei a campainha. Foi uma festa, entramos todos abraçados, entre sorrisos e lágrimas. Sim, eu estava livre!!!

Depois de nove meses, o sonho impossível da liberdade tinha virado realidade! Depois de mais uma pequena morte, eu estava nascendo outra vez! Que misterioso presente a vida me oferecia agora: o corpo, destroçado pela tortura, começava um caminho de cura. Os dois olhos estavam de novo abertos, os tremores do rosto e do abdômen haviam desaparecido, a perna esquerda já não estava atrofiada como as de prisioneiros de campos de concentração. O dedinho do pé esquerdo deixara para trás a pele negra, carbonizada pelos choques elétricos. As duas queimaduras de cigarro no ombro direito haviam se tornados leves cicatrizes. É verdade que o antebraço esquerdo continuava inchado.

Mais tarde, um imunologista identificou que o sistema linfático do antebraço esquerdo estava destruído. Qualquer ferida na mão ou nos dedos provocava infecção e o braço inteiro inchava. Fiz um tratamento com antibióticos ao longo de vários anos, e o médico, dr. Lacativa, preparou um atestado dizendo que a causa do problema tinha sido a tortura. Eu ainda andava mancando um pouco, e tinha dificuldade de fixar minha atenção por mais de alguns minutos. A orientação médica foi continuar tomando o anticonvulsivo indefinidamente. Este remédio afetava meu cérebro de maneira incômoda, eu sentia cansaço com muita frequência e a atenção tornou-se o maior desafio para o meu processo terapêutico.

Os abraços da vovó, papai, Moni, Martinha, Miguel, tia Elza e Neli, a velha e fiel empregada dela, me chegaram como um prêmio por haver insistido em sobreviver com dignidade.

Parte VII
O quarto voo para a liberdade: amando e deixando o Brasil

Só vim a conhecer meu advogado alguns dias depois de libertado. Era o querido e abnegado Técio Lins e Silva, um dos bravos advogados que defendiam presos políticos, correndo riscos e, em muitos casos como o meu, sem exigir remuneração.

Sob o terror do general Médici, o Direito tinha realmente pouca importância. Eu havia passado um total de nove meses, entre desaparecido, incomunicável, preso sem acesso à defesa legal, e só agora, três meses depois de libertado, Técio me trazia a notícia de que meu nome fora incluído em um processo contra membros da Ação Popular.

Havia o risco de eu ser preso outra vez, preventivamente, para estar presente no julgamento. A decisão de sair do Brasil resultou da pressão da família e de companheiros da Ação Popular, que enviaram mensagem insistindo que eu partisse para o exterior a fim de continuar o tratamento neurológico e fisioterapêutico.

Eu já estava fazendo yoga havia alguns meses e caminhando diariamente nas areias de Copacabana e Ipanema, para exercitar a perna antes atrofiada. Antes de entrar na Sofunge, eu já praticava posturas de yoga e respiração profunda. Aprendi em livros e percebia os benefícios que essa prática produzia no meu ser inteiro. Agora, eu tomava aulas e era guiado para dimensões mais profundas. Por outro lado, o Comital, medicamento anticonvulsivo, me dava sempre uma sensação meio distante, eu estava convencido que meu problema de atenção e concentração estava ligado a esse tratamento. Não! Eu não queria partir! Logo agora que eu havia recebido de volta a vida e a liberdade, a família e os amigos e amigas, o meu querido povo brasileiro?! O mundo da luta pela justiça e pela igualdade social estava me esperando. E a Estrella, e tanta outra gente que continuava presa? Como podia eu abandoná-las para ir cuidar só de mim? Mais uma vez eu estava contradizendo a ditadura. Para continuar lutando pela liberdade eu, e tantas outras e outros amantes do nosso país, continuaríamos a lutar por ele, mesmo à distância.

O aeroporto ficou cheio de gente querida. Vieram os amigos da JUC e da AP (os que não estavam clandestinos), os colegas geólogos, o Técio, o caro Hugo, que havia sido superior do Convento dos Dominicanos, com o nome de Frei Eliseu. Foram muitos abraços e beijos, uma enchente de afeto e energia para me dar coragem de partir. Abracei vovó, papai, as irmãs e o irmão sem saber quando os veria outra vez. Esse presente recebido havia tão pouco tempo me estava sendo tirado outra vez. Só mamãe e Tiana, que mora na Califórnia, estariam ao meu alcance. Coloquei o pé na escada do avião com o coração pesaroso. Da pequena janela oval, via o pessoal dando adeus lá longe, no terraço do velho Galeão. Sentada ao meu lado, mamãe não parava de tentar me animar, falando da saúde e da segurança que eu estaria ganhando ao partir para os Estados Unidos.

Protesto contra a visita do presidente-general Médici ao presidente Richard Nixon, na Casa Brasil, em dezembro de 1971, organizado pelo Comitê contra a Repressão no Brasil.

Fonte: Harry Strharsky.

Em mim, o sentimento era bem outro. Embora estivesse feliz por estar ao lado dela, e encantado com a lua cheia que nos acompanhava lá do céu, meu coração estava pesaroso. Os Estados Unidos eram o país que havia apoiado e financiado o golpe militar e agora, com Nixon e Kissinger, continuava sustentando os ditadores que mantinham no Brasil o império do terror de Estado e facilitavam a exploração do nosso território pelas empresas estadunidenses e europeias. Eu deixava para trás não apenas tantos seres amados e a minha pátria tão querida, mas também os companheiros de luta por um Brasil emancipado. Deixava Estrella na prisão. Deixava meu querido Pedrinho na busca de uma frente de luta mais eficaz. Deixava milhares de pessoas perseguidas, torturadas.

Mais uma vez, eu estava contradizendo a ditadura. Para continuar lutando pela liberdade, eu, e tantas outras e outros amantes do nosso país, encontraríamos outras formas de luta, mesmo à distância. Então, invertemos a lógica dos generais: em vez de "Ame-o **ou** Deixe-o", nosso gesto resgatava a nossa realidade: "Amo-o **e** Deixo-o"... até que o nosso povo, ajudado por nós, o reconquiste e o liberte.

Mas como iria eu continuar a lutar de tão longe? Naquele momento, minha tristeza e perplexidade eram profundas. Só mais tarde é que eu iria entender que a partida para o exílio era o quarto voo para a liberdade com que a vida me presenteava.

Anexo I
Resposta ao coronel Mello

Kathy Swart[1]

"Um subversivo irrecuperável"
Foi assim que você descreveu Marcos
Em fevereiro de 1971
No seu sinistro quartel-general,
O Ministério da Guerra no Rio de Janeiro,
Quando você não tinha mais motivos
Para mantê-lo prisioneiro.
Ou melhor
Quando suas convulsões,
Causadas por vocês,
Se acalmaram,
Dando a ilusão de que o Brasil tratava bem seus prisioneiros.

Quanto isto deve ter irritado você,
Ao ver que seu "cuidado atencioso"
Não havia matado Marcos,

1 Kathy Swart é bibliotecária, escritora e professora em Seattle, Washington, Costa Oeste dos EUA.

E que até mesmo o Supremo Tribunal Militar,
Essa infame farsa,
O declarou inocente.

Mas eu repito:
"O senhor tem razão, coronel Mello,
Marcos é irremediavelmente irrecuperável."

Irrecuperavelmente humano,
Ele arriscou sua vida por seus companheiros,
Na fábrica de automóveis da Mercedes Benz,
Que trabalhavam doze horas por dia
Para passar fome com dignidade.

Irrecuperavelmente brasileiro
Esse geólogo que se recusou
A entregar o precioso minério nacional
Que deveria ter enriquecido seu amado país,
E em vez disso viu sua Nação
Trocar sua soberania
Pelo som de botas, tanques e metralhadoras
E pelo sabor tóxico da Coca-Cola.

Irrecuperavelmente corajoso,
Ele não sabia que sua perna,
Sob o efeito de choques elétricos,
Primeiro se transformaria em madeira
E depois ficaria flácida e imprestável.
Que pendurado de cabeça para baixo
Por horas a fio
Teria os vasos linfáticos do braço esquerdo

Destruídos para sempre,
E seus ombros fora de forma.
Mas ele sabia calar-se
E poupou seus companheiros.

Sim, coronel Mello,
"Subversivo" é a palavra certa!
Se subversivo é denunciar as mentiras
Daqueles que assassinaram a democracia
Sob o pretexto de "revolução",
Fizeram do Brasil
A prostituta do Tio Sam.

"Ele sabia melhor":
Que sua "revolução"
Massacrou os povos indígenas
Em nome da "modernização",
Matou tantos camponeses
Para "frear o comunismo"...

Torturado de forma brutal
Um jovem frade se enforcou
Enquanto uma mulher torturada
Pôs fim ao seu sofrimento
Atirando-se debaixo de um trem.

Coronel Mello,
Se ser subversivo significa dizer a verdade
Então, Marcos é um subversivo irrecuperável,
Pois foi ele quem, alguns meses antes –
Ouvindo os gritos de dor

De seus companheiros na noite,
No antro do DOI-Codi, onde a lei era matar,
Enquanto vocês lhes roubavam a vida –,
Disse ao general:
"Sua ditadura não vai durar."

Seattle, WA, setembro de 2017.

Coronel Ednardo d'Avila Mello.

Fonte: Iconografia.

Kathy Swart.

Fonte: Kathy Swart.

Anexo II
Uma breve cronologia política da ditadura militar brasileira 1964-1985

1960	
Abril	O presidente Juscelino Kubitschek inaugura a nova capital, Brasília.
Outubro	Jânio Quadros é eleito presidente.
1961	
Agosto	O presidente Quadros renuncia abruptamente. Após superar objeções das Forças Armadas, o vice-presidente João Goulart, do Partido Trabalhista Brasileiro, assume a presidência com poderes reduzidos.
1962	
Junho	Estudantes da esquerda católica formam a Ação Popular.
Julho	Em reuniões na Casa Branca, o presidente Kennedy indica que apoiaria uma derrubada militar do governo Goulart.
Outubro	Durante as eleições para o Congresso brasileiro, a Agência Central de Inteligência (CIA) dos EUA secretamente canaliza dinheiro para candidatos que se opõem ao presidente Goulart.
1963	
Setembro	O jornalista e governador Carlos Lacerda, do estado da Guanabara (Grande Rio de Janeiro), defende um golpe de Estado contra o presidente Goulart.
1964	
Março	Uma grande manifestação no Rio de Janeiro apoia o apelo de João Goulart por reforma agrária e outras medidas progressistas, enquanto empresários e a Igreja Católica mobilizam o sentimento anticomunista da classe média contra o programa de esquerda do governo Goulart.

Abril	Uma rebelião das Forças Armadas derruba o governo do presidente Goulart. O presidente Lyndon B. Johnson reconhece imediatamente o novo regime. Os militares decretam um Ato Institucional n. 1 que expande os poderes da presidência e permite que sejam suspensos os direitos políticos. O marechal Humberto Castello Branco é eleito presidente por um Congresso expurgado.
Junho	O mandato do presidente Castello Branco é estendido até 15 de março de 1967.
1965	
Outubro	Candidatos da oposição são eleitos para o governo nos estados importantes da Guanabara e Minas Gerais. Castello Branco emite o Ato Institucional n. 2, que dissolve os partidos políticos, estabelece um partido oficial pró-governo e um partido de "oposição" e cria um processo de eleição indireta para o presidente, vice-presidente e governadores.
1966	
Outubro	O Congresso elege o general de quatro estrelas Artur de Costa e Silva como o novo presidente.
Novembro	O ex-governador Carlos Lacerda organiza a Frente Ampla, em uma tentativa de unir os ex-presidentes Kubitschek, Quadros e Goulart contra o regime militar.
1967	
Novembro	Carlos Marighella, ex-líder do Partido Comunista Brasileiro, inicia uma campanha de guerrilha urbana contra o regime militar. Durante os próximos cinco anos, mais de uma dúzia de grupos de luta armada operarão no Brasil.
1968	
Março	O assassinato do estudante secundarista Edson Luís, no Rio de Janeiro, pela Polícia Militar desencadeia uma onda nacional de manifestações estudantis contra o governo militar.
Abril/Junho	O governo declara ilegal a Frente Ampla de Carlos Lacerda. Os militares reprimem greves de trabalhadores em Minas Gerais e São Paulo.
Outubro	A Polícia Militar prende 920 representantes e líderes estudantis em um encontro nacional da União Nacional dos Estudantes.
Dezembro	O presidente Costa e Silva decreta o Ato Institucional n. 5, que fecha o Congresso, suspende o *habeas corpus*, amplia a censura à imprensa e tira os direitos políticos de muitos políticos por dez anos.

1969	
Maio	Os militares expulsam setenta professores proeminentes das principais universidades do país por suas supostas atividades subversivas.
Setembro	Duas organizações revolucionárias sequestram o embaixador dos EUA. Ele é libertado após os militares libertarem e exilarem para o México quinze estudantes e líderes políticos, que foram torturados enquanto estavam presos.
Outubro	O presidente Costa e Silva, que sofreu um derrame em setembro, é substituído pelo general de quatro estrelas Emílio Médici.
1970	
Março	O papa Paulo VI condena a tortura generalizada de presos políticos no Brasil.
Abril	A reunião da Latin American Studies Association (Lasa), em Washington, D.C., aprova uma resolução denunciando a tortura no Brasil e pede ao governo dos EUA que corte toda a ajuda econômica e militar à ditadura.
Maio	Marcos Arruda é preso e torturado pela Oban em São Paulo.
Junho	O Conselho Nacional de Igrejas e a Conferência dos Bispos Católicos dos EUA apresentam um dossiê sobre a tortura no Brasil à Comissão Interamericana de Direitos Humanos da Organização dos Estados Americanos.
1971	
Fevereiro	Marcos Arruda é libertado da prisão.
Maio	O senador Frank Church, de Idaho, conduz audiências no Congresso sobre a ajuda e o apoio dos EUA à polícia brasileira.
Dezembro	O Comitê contra a Repressão no Brasil (Carib) organiza protestos em Washington, D.C., contra a visita oficial do presidente Médici à Casa Branca, durante o governo de Nixon.
1972	
Setembro	A Anistia Internacional divulga uma lista nomeando quatrocentas autoridades brasileiras envolvidas na tortura de presos políticos.
1973	
Janeiro	Várias organizações de guerrilha urbana emitem uma declaração em um artigo no jornal francês *Le Monde*, reconhecendo o fracasso da estratégia de guerrilha para derrubar o governo militar.
1974	
Janeiro	O general de quatro de estrelas Ernesto Geisel é eleito presidente por voto indireto.
Novembro	O Movimento Democrático Brasileiro, o partido político de oposição, derrota o partido oficial do governo nas eleições para o Congresso.

1975	
Outubro	O jornalista de televisão Vladimir Herzog é detido e morto em São Paulo enquanto era interrogado sobre suposta filiação ao Partido Comunista Brasileiro. Mais de 8 mil pessoas desafiam as restrições do governo e participam de uma cerimônia religiosa ecumênica em memória de Herzog.
1976	
Abril	Estudantes fazem greve em todo o país.
Novembro	O partido político de oposição obtém grandes ganhos nas eleições municipais.
1977	
Maio	Em protesto contra a prisão de ativistas estudantis em São Paulo, 80 mil estudantes fazem greve em todo o país
Setembro	A Polícia Militar invade a Universidade Católica de São Paulo e prende 1.700 estudantes.
1978	
Maio	Metalúrgicos da Grande São Paulo organizam uma greve selvagem, desafiando as políticas econômica e trabalhista.
Outubro	O general João Figueiredo é selecionado como o quinto general a assumir a presidência.
1979	
Agosto	O Congresso aprova um projeto de lei de anistia, libertando a maioria dos presos políticos e permitindo que a maioria dos exilados retornem ao Brasil. A lei, porém, também absolve todos os torturadores de processos criminais.
1980	
Novembro	O Congresso aprova uma lei reintroduzindo a eleição direta de governadores.
1981	
Abril	Uma bomba plantada por oficiais ultradireitistas de inteligência do Exército explode acidentalmente do lado de fora do Riocentro, onde um show para arrecadação de fundos para a oposição está acontecendo.
1982	
Novembro	Candidatos da oposição ganham os governos mais importantes do país e a maioria no Congresso.
1983	
Fevereiro	Uma campanha nacional começa a exigir eleições presidenciais diretas, mobilizando milhões em todo o país ao longo do ano subsequente.

1984	
Abril	Forças pró-ditadura no Congresso derrotam uma emenda constitucional para estabelecer eleições presidenciais diretas.
1985	
Janeiro	Uma coalizão de forças de oposição e setores dissidentes do partido pró-governo apoiam Tancredo Neves para presidente e José Sarney para vice-presidente. Eles ganham a maioria no colégio eleitoral.
Março	Tancredo Neves adoece e José Sarney, que antes apoiava o governo militar, assume temporariamente a presidência.
	No dia da posse, o presidente João Figueiredo evita comparecer à cerimônia e deixa o palácio presidencial pela porta lateral, marcando o fim do regime militar.
Abril	Tancredo Neves morre. José Sarney é empossado presidente. Ele é o primeiro civil a governar o país desde abril de 1964.

Anexo III
Seleções do álbum de fotos da família Sattamini de Arruda

Família Sattamini de Arruda. Primeira fila, da esquerda para a direita: Marcos, Lina, Mônica e Martinha. Última fila: Cristiana.

Fonte: Família Sattamini de Arruda.

Família Sattamini de Arruda. Primeira fila, da esquerda para a direita: Cristiana, Mônica e Martinha. Última fila: Marcos.

Fonte: Família Sattamini de Arruda.

Marcos, aos 2 anos, 1943.

Fonte: Família Sattamini de Arruda.

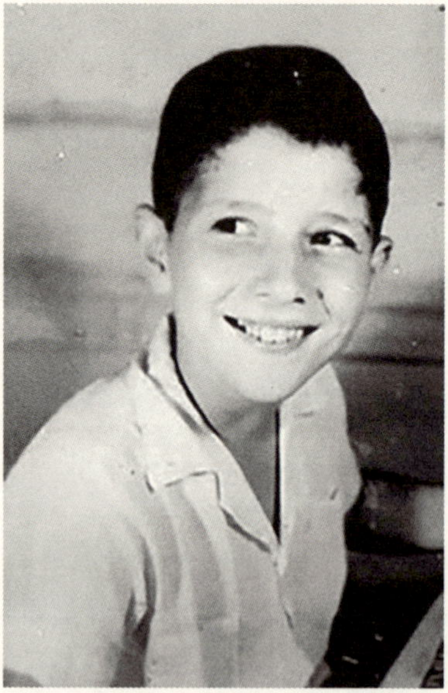

Marcos, aos 9 anos, 1950.

Fonte: Família Sattamini de Arruda.

Lina Penna Sattamini, 1976.

Fonte: Família Sattamini de Arruda.

Marcos, em 1978.

Fonte: Família Sattamini de Arruda.

Da esquerda para direita: Mônica, Cristiana, Martinha, 1978.

Fonte: Família Sattamini de Arruda.

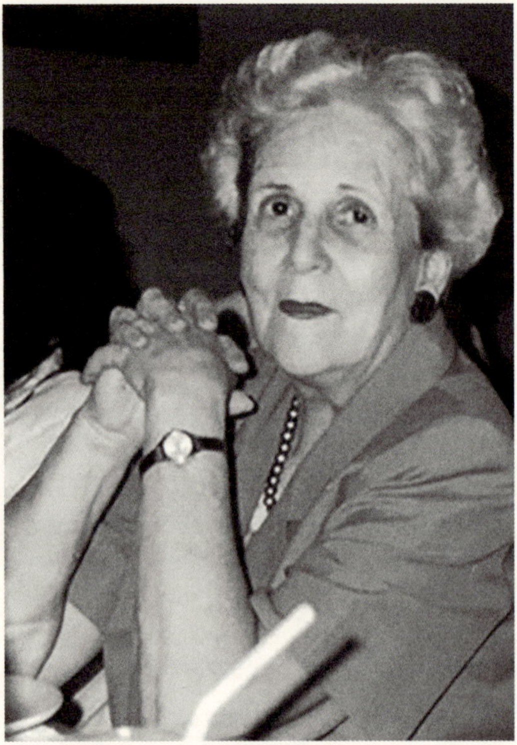

Elza de Britto Pereira, tia de Marcos Arruda.

Fonte: Família Sattamini de Arruda.

Clemildo Lyra de Arruda, pai de Marcos Arruda, com a sua filha Mônica, c. 1970.

Fonte: Família Sattamini de Arruda.

Maria Penna Sattamini, mãe de Lina Penna Sattamini, em Veneza, 1963.

Fonte: Família Sattamini de Arruda.

Maria Penna Sattamini.

Fonte: Família Sattamini de Arruda.

Marcos em Washington, D.C., 1994.

Fonte: Família Sattamini de Arruda.

Lina Penna Sattamini no lançamento da primeira edição de *Esquecer? Nunca mais!*, Rio de Janeiro, 2000.

Fonte: Família Sattamini de Arruda.

Pablo Arruda, filho de Marcos, com a avó Lina Penna Sattamini. Brown University, Providence, Rhode Island, EUA, 2005.

Fonte: Família Sattamini de Arruda.

Marcos Penna Sattamini de Arruda, 2025.

Fonte: Família Sattamini de Arruda.

Posfácio

Marcos Penna Sattamini de Arruda

Maria Penna Sattamini, avó de Marcos, faleceu aos 101 anos em 1997.

Clemildo Lyra de Arruda, pai de Marcos e professor aposentado de grego e latim, também morreu aos 80 anos em 1997.

Elza Sattamini de Britto Pereira, irmã de Lina Penna Sattamini e tia de Marcos, tornou-se atriz aos 60 anos e apareceu em filmes, comerciais de televisão e novelas brasileiras. Elza faleceu em 2010.

Lina Penna Sattamini, intérprete, se aposentou no Rio de Janeiro e morou em um apartamento aconchegante no andar de baixo de seu filho, Marcos. Lina faleceu em 2017.

Cristiana Arruda, irmã de Marcos, morava em Berkeley, Califórnia, onde foi ativa no movimento feminista por muitos anos, falecendo em 2012.

Miguel Arruda, irmão de Marcos, mora com a esposa Lucia, seus filhos e netos no Rio de Janeiro.

Martinha Arruda, irmã de Marcos, mora no Rio de Janeiro, trabalha como intérprete e é mãe de dois filhos, Suiá, professora de Antropologia, e Yama, professor de História do ensino médio.

Mônica Arruda, irmã de Marcos, trabalhou como educadora ambiental. Atualmente é arte-terapeuta e mora no Rio de Janeiro.

Marcos Arruda, economista e educador, construiu uma casa em uma ladeira no Rio de Janeiro e continua ativo nas lutas por justiça econômica e igualdade social. Seu filho Pablo é contrabaixista e compositor talentoso.

Índice de imagens

SOBRE O LIVRO

Formato: 13,7 x 21 cm
Mancha: 23,5 x 39 paicas
Tipologia: Venetian 301 BT 12,5/16
Papel: Off-white 80 g/m² (miolo)
Cartão Triplex 250 g/m² (capa)

1ª edição Editora Unesp: 2025

EQUIPE DE REALIZAÇÃO

Edição de texto
Jennifer Rangel de França (Copidesque)
Carmen T. S. Costa (Revisão)

Capa
Marcelo Girard

Imagem de capa
Prisão. lopurice / iStock

Editoração eletrônica
Sergio Gzeschnik

Assistente de produção
Erick Abreu

Assistência editorial
Alberto Bononi
Gabriel Joppert

Rettec artes gráficas e editora

Rua Xavier Curado, 388 • Ipiranga - SP • 04210 100
Tel.: (11) 2063 7000
rettec@rettec.com.br • www.rettec.com.br